税務署員の弱点を衝く!

税務署対策最強の教科書

大村大次郎
元国税調査官

ビジネス社

まえがき

経営者や事業者にとって税務署という存在は、大変やっかいなものでしょう。

特に税務調査などというのは、非常に迷惑なものだと思われます。

税務署の調査官が事業所にやってきて、何日も居座り、あれやこれやの質問をしてくるのです。毎日忙しく仕事をしている身としては、たまったものではありません。

税務調査のための準備時間を含めれば、2〜3週間は割かなくてはならないはずです。

ところで税務署や税務調査に関して、世間はさまざまな誤解をしています。

まずほとんどの人は、

「税務署の調査官は正しい」

と思っています。

税務署の調査官は国家公務員であり、法律的に間違ったことをしたり、言ったりするはずがない、と。

しかし、これは**残念ながら誤解**なのです。

そのわかりやすい例を示したいと思います。

つい最近、2019年の11月22日のことです。

私は税法のちょっとした疑問を、東京国税局の電話相談室に質問しました。

税法では、「家賃やリース料などを期末に前払いした場合、その前払いが1年以内分であれば払った年の損金（経費）に算入できる」という規定があります。この規定が、会社だけに適用されるものだったか、個人事業者にも適用されるものだったのかを失念してしまったので、確認のために電話相談室に聞いたのです。

すると個人所得税担当の相談官のM氏は、「費用は経過した分しか損金にできないので、前払いした分は損金にできない」と明言しました。

筆者が、

「会社では家賃などの場合、1年分を前払いすれば払った年に損金算入できますよ。会社と個人事業者は扱いが違うのですか？」

と再度確認しても、

「会社と個人事業者では扱いが違う」

と明言されました。

しかし筆者は納得がいかず、M氏の言い方にもちょっと自信のなさを感じたため、よくよく調べてみると、所得税基本通達の37-30の2には「継続して支払っている1年以内の前払費用は支払った年の経費に算入できる」と明示されているのです。

つまりM氏は明確に間違っており、間違った回答を堂々と私に教授していたのです。

このやり取りは掛け値なしの事実であり、筆者は記録も残しています。

東京国税局の電話相談室は、いわば国の税の総合案内人ともいうべき部署です。その税の案内人が、これほど明白な間違いを犯しているのです。

しかも「前払費用の損金算入」などという項目は、納税者にとって納税額に大きな影響を及ぼす重要なものです。

それについて平気でウソの案内をしているのです。

このM氏という人は、**ウソをついたというよりは勉強不足**という感じでした。でも、それはまったく言い訳にはならず、「東京国税局の代表者が税法についてウソをついた」という事実は消せないのです。

東京国税局の電話相談室でさえ、この通りなのですから、各税務署の現場の調査官たちのレベルは、察して知るべしということです。

このように国税局や税務署の人は、よくウソをつくし、勉強不足の人も多いのです。

そして、たちの悪いことに、彼らのウソはすべて「**納税者が不利になるもの**」なのです。

彼らが納税者の有利になるようなウソをつくことは絶対にないのです。


国税局、税務署がなぜ納税者に不利なウソをつくかというと、彼らは「税金を少しでも多く徴収する」という使命を持っているからです。もちろん税金は法律通りに徴収しなければならないはずで、ウソをつくことは違法行為です。でも、彼らは違法行為をしてでも、税金を取りたいのです。

国税局、税務署というのは、法の番人でも正義の味方でもなく、**モラルが欠如した税金徴収マシーン**に過ぎないのです。


だから私たちは彼らに対して、そういう対応をしなくてはなりません。

彼らを「正義の味方」「正しい人」などと思ってしまえば、とんでもない被害を受けることになるのです。

かといって、いたずらに彼らを敵対視するのも賢明ではありません。なにしろ彼らは強大な国家権力を持っていますので、むやみに敵対するのは避けたほうがいいのです。

税務署に対する正しい姿勢は「**恐れず、あなどらず**」ということになります。

税務署とどう付き合えばいいのか、どうすれば税務調査で被害を受けずに済むのか、そういうノウハウを本書でご紹介していきたいと思います。

筆者は元国税調査官であり、現役の調査官時代は必死に追徴税を稼ごうと日々、税務調査にいそしんでいました。

実際に筆者も違法ギリギリか、ほぼ違法のようなこともやっていました。それは税務署の中の価値観では、だれもが「正義」だと思っていたことです。

しかし税務署から離れ、自分のやってきたことを客観的に見たとき、税務署の正義というのは、ただの自己弁護に過ぎなかったのです。ノルマに追われていた営業マンが行き過ぎて法を犯してしまうのと何ら変わりはないことに気づきました。

それに対する悔恨の意味も込めて、できる限りの情報を公開したいと思っております。

調査官たちは何を見るのか？
何を重視しているのか？
どのくらいの情報力を持っているのか？

そういう**税務署の「手の内」を明かしたい**と思います。
ただし本書で紹介している筆者の体験エピソードは、実体験を若干、デフォルメしています。実体験をそのまま書くことは、公務員の守秘義務に反するからです。その点、ご了承ください。

第1章 税務調査とは何か？

第2章 税務署は何を見るのか？

第3章 税務署の情報力とは？

第4章 税務署員に騙されるな!

第5章 税理士は賢く使おう

第6章 税務署の弱点

第1章

税務調査とは何か？

税務調査の目的は何？

まえがきでも述べましたように、「税務署」や「税務調査」というものは、誤解が非常に多いものです。

この章は、税務調査について、一般に誤解されやすい部分をピックアップして、真実のことをご紹介しようと思っています。

まず、そもそも税務調査というのは、どういう目的で行われているかについて、説明しましょう。

税務調査というのは、納税者の出した申告書に不審な点があるときに、それを確認するために行われる、というのが表向きの目的となっています。もちろん、それも税務調査の目的の一つではあります。

でも、税務調査の本当の目的はそうではありません。

本当の目的は、「**追徴税を稼ぐこと**」です。

実は税務署の調査官というのは、追徴税をどれだけ稼ぐかで、仕事が評価されます。だから、必然的に追徴税を取ることが目的とされるのです。

私が税務署員だったころは、各人の調査実績（追徴税の額など）を表にして、職員全員

税務調査とは何か？

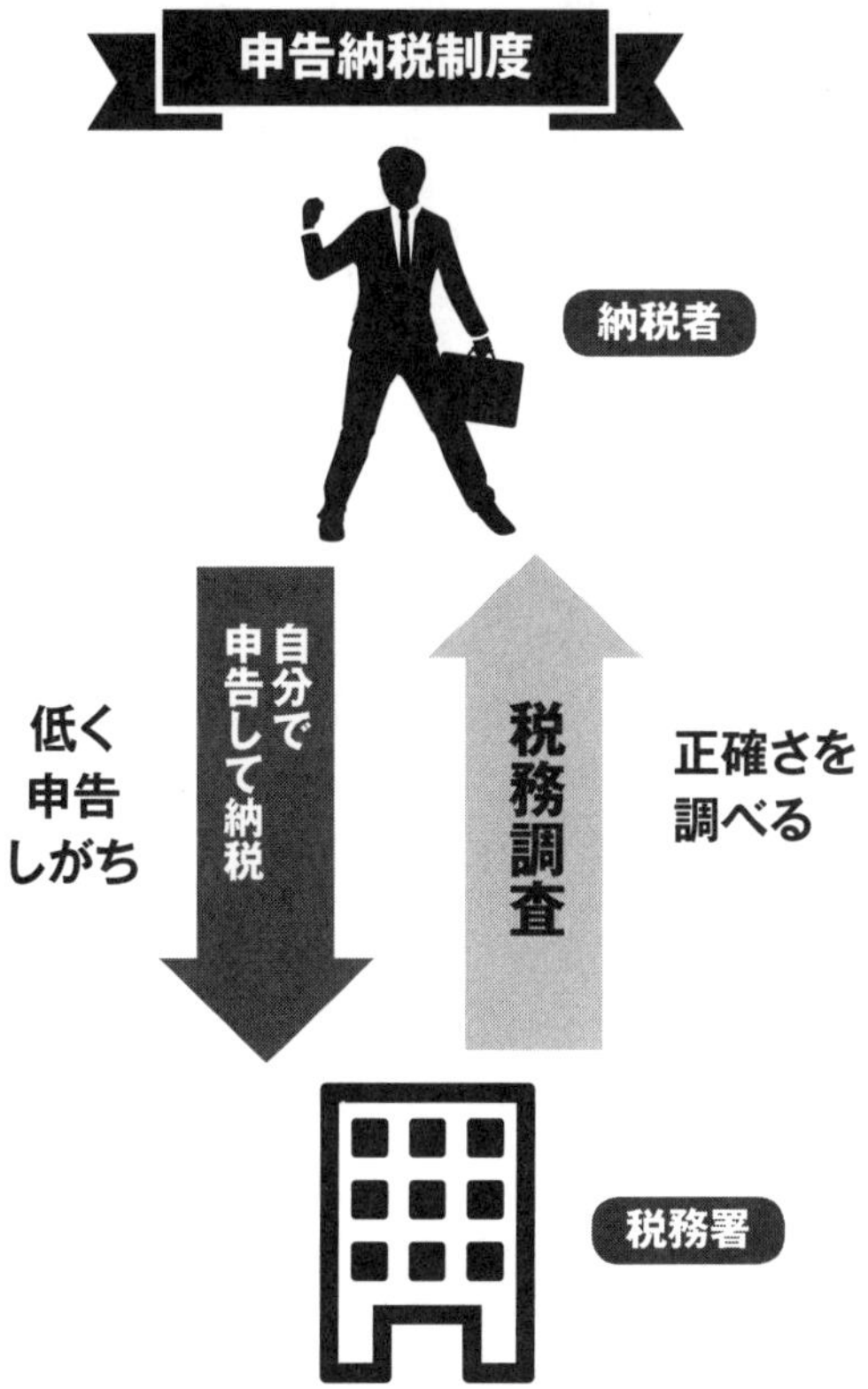

税金はできるだけ安くというのが納税者の心理。そのため自分で納税額を決める「申告納税制度」ではどうしても実際よりも低く申告しがちになる。そこで行われるのが申告の正確さを見極めるための税務調査となる

が回覧していました。よく保険の営業所などで、営業社員たちの契約獲得者数が棒グラフにされていたりしますが、あれと同じようなものです。

だから税務調査というのは、「追徴税を稼ぐ」という方向で進められていると思ったほうがいいのです。

ノルマに追われる調査官たち

調査官というのは、**かわいそうな職業**でもあります。

というのも調査官は、追徴税をあげることが最大の責務とされているのです。

税務署の仕事は「公平で円滑な税務行政を行うこと」などという建前はあります。しかし、現場の人間が実際に求められるのは、前項でも述べたように**「税金をどれだけ稼ぐか」**なのです。

税務調査に行って課税漏れを見つけると、追徴で課税をします。この追徴税をどれだけとってくるかが、調査官の評価を決めるものでもあります。

もし追徴税が少ない場合は、上司に怒られたり、先輩に厳しく指導されたりします。自分の給料より、とってきた追徴税が少ない場合は、「給料泥棒」だとか「お前は国家に損失を与えている」などと言われたりもします。

追徴税の獲得は、個人個人に課せられているだけではなく、部門や税務署同士でも、競い合わされています。税務署内では、各部門が追徴税の多寡《たか》で競争しています。また各税務署同士も追徴税の多寡で競争しています。そして、大きな追徴税をとった調査官たちは、「優秀事績」として発表され、表彰されます。

ここまでされれば、調査官たちは嫌でもノルマ達成、追徴税稼ぎに没頭しなければならなくなります。

私が現場にいたのは10数年前くらいなので、今は変わっているかもしれないとも思ったのですが、後輩の調査官に聞くと今も昔もまったく変わらないようです。

国税庁は、公式には「税務職員にはノルマなど課していない」と言っていますが、追徴税をたくさんとってきたものが出世しているという現実がありますから、事実上ノルマはあるといえるのです。

かわいそうな税務調査官

「申告漏れ」と「課税逃れ」の違い

税務調査で発覚する「申告漏れ」の中には、「**単なるうっかりミスの申告漏れ**」と「**悪質な課税逃れ（不正）**」があります。

「単なる申告漏れ」の場合は、追徴税は10％増しとなるだけですが、「悪質な課税逃れ」と認定されれば、追徴税は35％増しとなります。悪くすれば、青色申告取り消しなどのペナルティーを受けることになります。

「単なる申告漏れ」と「悪質な課税逃れ」の区別には厳格な定義があります。

「悪質な課税逃れ」は、現行の税法で「仮装隠蔽《いんぺい》などの不正がなされたもの」と規定されているのです。

つまり税金逃れのために、ありもしないことをでっちあげたり、あるものを隠したりした場合が、「悪質な課税逃れ」なのです。

「悪質な課税逃れ」というのが具体的にはどういうものを指すのか、ご説明しましょう。

仮装というのは、帳簿や証票類を書き換えたり、偽造したりすることです。隠蔽はその名の通り、隠すことです。

仮装には、偽の領収書を作って経費を水増ししたり、本当は雇っていない人を雇ってい

知らなかったでは済まない税金のペナルティ

こんなときにはこんなペナルティーが科されます！

申告内容が過少だった場合 ──→ 過少申告加算税
申告期限までに申告をしなかった場合 ─→ 無申告加算税
仮装隠蔽があった場合 ──→ 重加算税
納付期限までに納付をしなかった場合 ─→ 不納付加算税、延滞税

加算税	概要	加算税率	備考	国通法
過少申告加算税 （納税額が本来の税額よりも過少で追加の税金が発生した）	調査通知前に自主的に修正申告した場合	なし		第65条
	期限内申告について、修正申告・更正があったとき	10%	納税額のうち、当初納税額と50万円とのいずれか多い金額までの部分	
		15%	納税額のうち、当初納税額と50万円とのいずれか多い金額を超える部分	
無申告加算税 （定められた期限内に確定申告をしなかった）	調査通知前に自主的に期限後申告をした場合	5%	正当な理由があると認められる場合も同様	第66条
	期限後申告・決定等があったとき	15%	納税額のうち、50万円までの部分	
		20%	納税額のうち、50万円を超える部分	
不納付加算税	源泉所得税が納付期限までに納付されなかった場合	5%	納税告知前に自主的に納税した場合	第67条
		10%	正当な理由があると認められる場合は課さない	
重加算税 （申告内容に不正が認められた）	仮装隠蔽している事実があった場合	35%	過少申告加算税または不納付加算税に代えて課す場合	第68条
		40%	無申告加算税に代えて課す場合	
延滞税	申告納付期限までに完納しなかった場合	7.3%	納期期限後2カ月以内	第60条
		14.6%	上記以降	

るような細工をして架空の人件費を作ったりする方法があります。

また隠蔽というのは、売上金をそのまま隠してしまう、というようなことです。売上の一部を帳簿につけずに、別保管したり、隠し口座に入金したりするというわけです。

まあ、いわゆる**脱税工作**ですね。映画やテレビなどで見たことがある人も多いかと思われます。

この仮装隠蔽をしていれば、悪質な課税逃れとみなされ、重加算税を課せられた上、最悪の場合は起訴されたりもするのです。

逆に、どんなに無理な税法の解釈をして課税を逃れていても、「隠したり」「でっちあげたり」していなければ、「悪質」とはならずに、「単なる課税漏れ」なのです。

ですから事業者は、どんな事情があろうとも、「ありもしないものをでっちあげたり」「あるものを隠したり」することだけは**絶対してはならない**のです。

たとえばA社とB社の二つの会社があったとします。

A社の代表者は大雑把な人物で、悪く言えばいい加減な人でした。彼は節税策として、一人で繁華街で豪遊し、1000万円程度を研修費などとして会社の経費で処理していました。

一方、B社の代表者はとても真面目な人物でした。

B社の代表者は、今期の利益が思った以上に出てしまい、期末の売上100万円分を数日間だけずらして来期の売上であったことにしようと、請求書や納品書などの日付を書き換えてしまいました。来期の資金繰りが心配だったのです。

A社、B社ともに、税務調査が入りました。

A社の代表者の「研修費」は当然、否認されましたが、単なる課税漏れで済まされました。A社は税法の解釈誤りをしていましたが、「**偽装工作**」はまったくしていなかったので、悪質ではないとされたのです。

一方、B社の期末売上の繰り延べも否認されましたが、これは「悪質な課税逃れ」とみなされ、重加算税を課せられました。

B社では請求書や納品書を書き換えたことが偽装工作とされたのです。

このように多額の申告ミスでも、偽装工作がなければ単なる課税漏れで済みますが、少額でも偽装工作をしていれば、「悪質な課税逃れ」とされるのです。

なぜ調査官は「不正発見」にこだわるのか？

がります。

なるべく多くの追徴税が欲しい調査官としては、**割増率の高い「不正」**のほうを取りたがります。

また「不正」は、その金額が多額になった場合、脱税として起訴されます。逃れた税金がだいたい1億円以上だった場合、起訴されるとされています（脱税という犯罪は、税務申告の不正額が大きいものといえるのです）。

調査官としては、もっとも手っ取り早く目立った実績を挙げるには、不正を発見することなのです。不正発見は、**調査官にとって勲章**だといえます。だから、調査官は税務調査では、まず全力を挙げて不正を見つけようとするのです。

商売をしている人、ある程度儲かっている人は、不正（脱税工作）の誘惑にかられたことがある人も多いのではないでしょうか？

しかし税務申告において、不正（脱税工作）だけはしてはならない、といえます。これは社会道義的な面もありますが、なにより**リスクが高い**からです。先ほども申しましたように、税務署の調査官というのは、不正を発見することが仕事です。つまり、不正の発見については、非常に高度なノウハウを持っているのです。

加算税の一例

1

税金100万円の申告漏れ。
期限内申告で
修正申告・更正があった場合

➡過少申告加算税

100万円＋（100万円×10%）＝110万円

追徴税は10万円！

2

水増しして
100万円の税金をごまかした場合

➡重加算税

100万円＋（100万円×35%）＝135万円

追徴税は35万円！

そして一度、不正が発見されてしまえば、多額の追徴税が課せられる上、その後、**税務署から重点的にマークされる**ことになります。税務調査の頻度もぐっと増すことになります。こんなバカバカしいことはないのです。

税務調査が来たから即脱税ではない

税務調査というのは、納税者の申告が正しいかどうかをチェックする作業のことです。

誤解されやすいのですが、「税務調査される」ことと、「税金を誤魔化している」ことは、イコールではないのです。一般の人は、税務署が入るというと、どうしても「脱税」というイメージをもたれることが多いようです。

税務調査がどういうときに行われるのかというと、原則としては「申告書に不審な点があったとき」ということになっています。

けれど、実際は必ずその通りではないのです。

税務署は、1年間に一定の件数の税務調査をしなければならないようになっています。年度が始まる前に作られる「事務計画」で、税務調査する件数が決められているのです。

その件数をこなすためには、「不審な点がある申告書」だけを調査していても、足りません。

また申告書というのは、それを見ただけでは、正しいかどうかがわかるものではありません。実際に申告者のところに行って、帳簿や関係書類を見せてもらったり、事業の状況などを聞かせてもらったりしないと、本当のところはわかりません。

なので、ある程度の規模で順調に事業を続けている事業者には、だいたい数年おきには税務調査をすることになるのです。

どんな人（会社）に税務調査が行われるのか？

前項では、ある程度の規模で順調に事業を続けている事業者には、数年おきに税務調査がある、と述べました。が、必ずしも100％の黒字業者に税務調査が行われるわけではありません。

事業者のすべてに税務調査を行えるほど、税務署の人数は多くありません。なので、ある程度は申告書を見て、条件を絞り、税務調査をする事業者を選ぶことになります。

では、税務署は申告書のどこを見ているのか、どういう基準で税務調査をする事業者を選ぶのでしょうか？

まずは売上が上昇しているのに、**利益があまり出ていない事業者**ですね。こういう事業者は脱税をしている可能性が高い、ということで、まっ先に税務調査の対象となります。「あの店は繁盛している」という噂があるのに、あまり申告額がよくない事業者。こういう事業者が税務調査の対象になりやすいのです。

それと、**例年と比べて数値の変動が大きい事業者**も税務調査の対象になりやすいです。たとえば急に人件費が増えたような事業者です。

例年は人件費は年間1000万円くらいしかかかっていないのに、今年は1500万円になっている。そういう事業者は、架空の人件費を計上して脱税しているのじゃないか、などと疑われるわけです。

税務調査の対象となりやすいのは、だいたいこういう事業者です。

しかし、こういう事業者でも、必ずしも脱税をしているとは限りません。ちゃんと事情があって、売上が上がっていても利益が上がっていなかったり、人件費が急増したりするケースもあるわけです。

そういう事業者は、税務署の調査を防ぐ方法はないのでしょうか？

必ず防げるということではないのですが、ある程度、防ぐことはできます。

それは、**申告書の特記事項に詳しい事情を説明する**ことです。

申告書には、「特記事項」という欄があります。ここには、事業に関する特別な事情を何でも書いていいのです。

だから、「今年は割引販売をしたので売上はアップしたけれど、利益はほとんど増えなかった」とか「いい人材を雇ったので、人件費が急増した」などと詳しく書くのです。

税務署としても、脱税や課税漏れがない事業者には、税務調査をしたくないのですから、なるべくそういう情報は欲しいのです。二度手間はかけたくないのですから。

なので、もし該当する人は、特記事項に事情をなるべく詳しく書いておきましょう。特記事項の欄が足りなければ、別紙に書いても構いませんし、参考資料を添付しても構いません。

申告書には、書いてはならないこと、添付してはならないことはないので、税務署になるべく詳しい状況がわかるような申告書にしたほうがいいのです。

それが「**痛くもない腹を探られないコツ**」だといえます。

痛くもない腹を
探られないために!

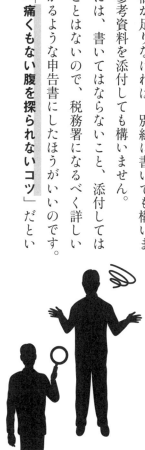

税務調査のほとんどは〝任意〟の調査

税務調査というと、映画やテレビのマルサの調査のように、大勢の男たちがいきなり乗りこんできて、逮捕令状のようなものを見せて、あらゆるものを洗いざらい捜索する、というイメージを持っている人も多いようです。

しかし、これは**大きな誤解**です。

テレビや映画で時々取り上げられるマルサというのは、国税の中の組織の一つ「調査査察部」のことなのです。この「調査査察部」は、裁判所で起訴される高額で悪質な事案を専門に扱う部署です。

「脱税」と一口に言われますが、世間一般で思われているほど、脱税というのは多くないのです。脱税というのは、悪質で高額な税逃れ行為をいうもので、刑事事件として有罪になったもののことです。これは、年間だいたい200件くらいしかありません。

世間では、ちょっとでも税逃れをしていれば「脱税」と言われますが、犯罪用語としての脱税というのは、非常に範囲が狭いものなのです。

そして、この犯罪としての「脱税」を専門に扱っているのが「マルサ」(調査査察部)なのです。

このマルサの調査では、確かに映画さながらに大勢の男たちが被疑者宅に乗りこんでいって、段ボール箱何十個もの資料を押収したり、屋根裏から金の延べ板を見つけ出して来たりします。

彼らは調査に入る前に、裁判所から許可状をもらっていますので、脱税に関する調査のためなら、無条件で何でも調べていいのです。バーナーでドアの鍵を焼き切ったり、ドリルで床下を開けたりすることも可能なわけです。

もちろん、裁判所の許可を得るためには、それなりの基礎的な証拠は固めなければなりません。あらかじめ情報を集めて、ある程度の証拠を固め、「**この人は巨額の脱税をしているはず**」という証明を行ってから、裁判所が「ならば徹底的に調べていいですよ」という許可を与えるわけです。

しかし、先ほども言いましたように、これは国税の仕事のごくごく一部であり、ほとんどの税務署職員は、こんな仕事はしていません。

また世に言われる「税務調査」も、ほとんどはマルサのような強制調査ではなく、納税者の同意のもとに行われる任意調査なのです。任意調査というのは何を調べるにもまず、納税者が「これを見ていいですか？」と聞いてから行う調査のことです。納税者が「ダメだ」と言い張れば何もできないわけです。

警察よりも税務署のほうが怖い？

前項では、税務調査のほとんどは任意調査であり、納税者の同意がなければ、調査官は何も調べられない、と述べました。

では、税務署が来たとき、納税者はただただ全部ノーと言い張っていれば、調査は回避できるかというと、これもそうではないのです。

とてもややこしい話なのですが、任意調査は、納税者の同意が原則であり、納税者の同意がなければ何も調べることができません。その一方で、調査官には「**質問検査権**」というものがあり、納税者には「**受忍義務**」というものがあるのです。

「質問検査権」とは、税金に関係することならば、調査官はどんなことでも質問していい、というものです。そして納税者の受忍義務とは、調査官が発した質問に対して必ず答えなければならない、ということなのです。

警察にしょっぴかれたのであれば、任意同行した場合や逮捕した場合でも、市民には都合の悪いことは話さなくてもいい「黙秘権」があります。

税務調査における納税者の権利と調査官の質問検査権

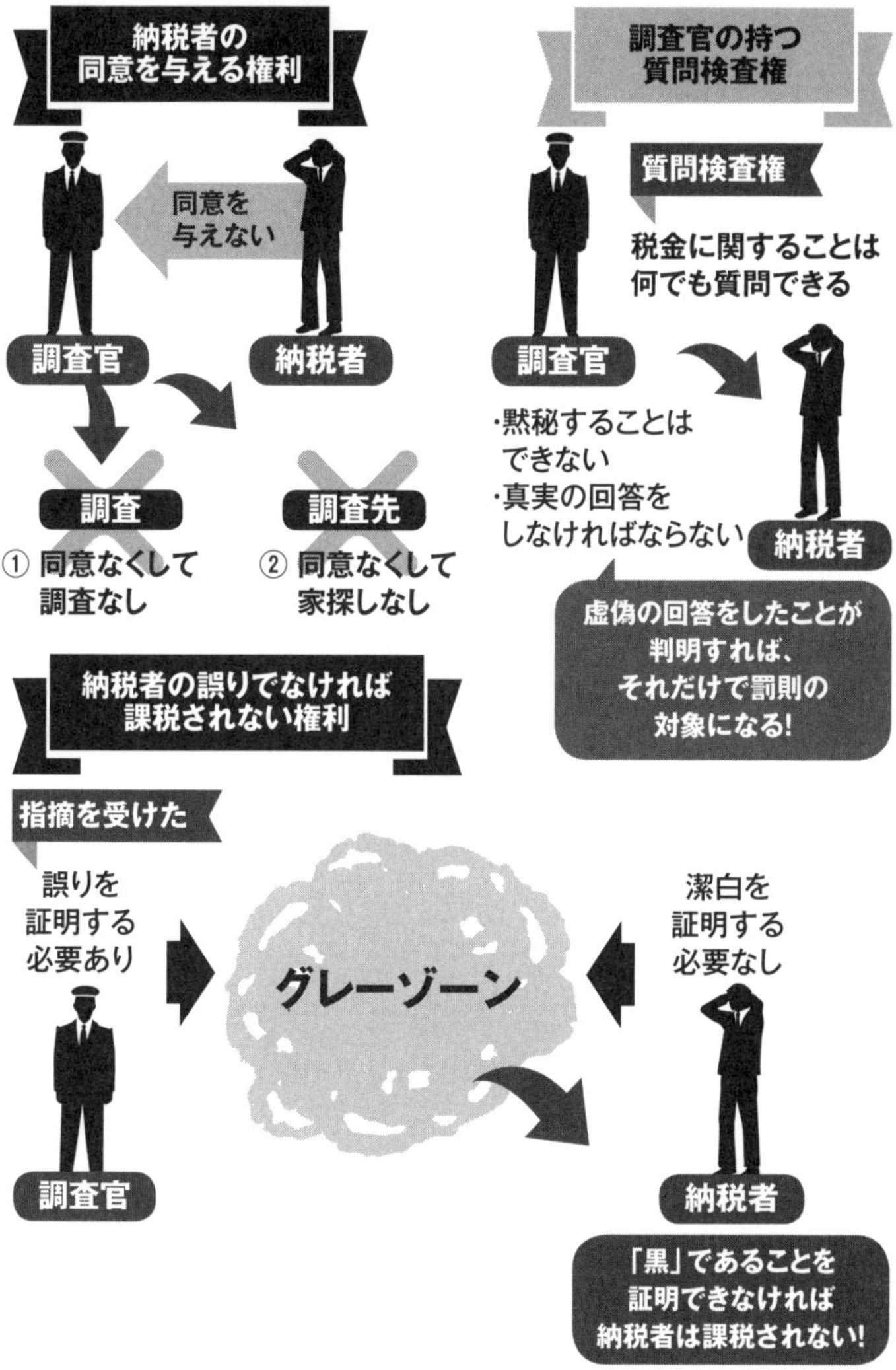

納税者の
同意を与える権利
同意を
与えない
調査官
納税者
調査
① 同意なくして
調査なし
調査先
② 同意なくして
家探しなし
調査官の持つ
質問検査権
質問検査権
税金に関することは
何でも質問できる
調査官
・黙秘することは
できない
・真実の回答を
しなければならない
納税者
虚偽の回答をしたことが
判明すれば、
それだけで罰則の
対象になる!
納税者の誤りでなければ
課税されない権利
指摘を受けた
誤りを
証明する
必要あり
グレーゾーン
潔白を
証明する
必要なし
調査官
納税者
「黒」であることを
証明できなければ
納税者は課税されない!

しかし税務調査においては、**納税者に黙秘権はない**のです。納税者は調査官の質問に必ず誠実に答えなければならず、もしその義務を怠れば、ペナルティーが科せられることもあるのです。

質問検査権というのは、それほど強大なものなのです。

だから税務署の調査官は任意調査だけれども、納税者に対して、疑問点があればとことん追求することができるのです。

納税者は、税金に関しない質問には答える必要はないし、税金にまったく関係のないことを調査しようとすれば、拒否することはできるのです。でも税金に関する質問であれば、それは拒否することができないのです。

なので、見方によっては**警察よりも税務署のほうが怖い**、ということになるのです。

税務署の調査は拒否できるのか？

前項では、調査官は質問検査権という強い権利を持っていて、納税者（市民）はそれに従わなければならない、ということを述べました。

では、税務署が税務調査に来た場合、納税者は必ずそれを受けなければならないものなのでしょうか？

答えは、ノーです。

最初にご説明した通り、普通の税務調査というのは、納税者の同意を得て行われる「任意調査」です。納税者は調査官の質問に対して、できうる限り真実の回答をしなければなりません。

しかし、それはいつでも無条件で、というわけではないのです。

税務署がいつ税務調査に来ても、納税者がそれに答えなければならないのであれば、納税者の負担はかなり大きくなります。納税者は税金に関する質問に答えなければならないけれど、それは**生活や事業に無理のない範囲で**ということなのです。

納税者はいつでも税務署の都合のいいときに調査を受けなくてはならない、ということではないのです。

だから任意調査というのは、普通、事前に税務署から「何月何日に税務調査をしたい」という通知が来ます。しかし、それは「決定事項」ではなく、打診に過ぎないのです。何月何日に税務調査をしたいけれど、予定は大丈夫ですか？　ということです。だから、もしその日の都合が悪ければ、予定を変更してもらうことも可能なのです。

ただし、いつまでも「都合が悪い」と言って、税務調査を回避することはできません。それは、「税金に関して誠実に回答する」という義務を怠《おこた》ったということになりますから。つまり「無条件に税務調査を受ける義務はない」けれども「いつまでも税務調査を回避することはできない」ということです。

任意調査でも「抜き打ち」で調査に来ることもある

税務調査というのは、だれでも嫌なものです。

しかし、完璧に税務調査を回避する方法はありません。だから事業をやっている人ならば、税務調査を受ける可能性はあるのです。特に毎年、きちんと黒字が出ているような事業者は、数年に一度は税務調査を受ける羽目になります。

税務調査には、大きく分けて二つのやり方があります。

一つは、事前に「○月○日に税務調査をします」と納税者に打診した上で行う「**事前予告調査**」です。もう一つは、予告はせずに抜き打ち的に行う「**無予告調査**」です。税務調査は本来、「事前予告調査」が原則です。

日本は申告納税制度の国であり、納税者の出した申告書を最大限尊重する、ということになっています。そして税務調査をするときも、納税者の同意のもとに行うこととされているのです。

しかし、条件付きで無予告での抜き打ち調査も認められています。その条件とは、「あらかじめ重要な情報があって、明らかに脱税が見込まれるもの」、もしくは「現金商売の場合」です。

「あらかじめ重要な情報があって、明らかに脱税が見込まれるもの」というのは、前に紹介した巨額な脱税事件などに適用されるもので、裁判所に許可を取って行われる「マルサ」の調査です。

そして「現金商売の場合」とは、不特定多数の顧客を相手に現金で商売する業種、小売業やサービス業などを指します。これらの業種では、売り上げた金を隠してしまえば、どこにも記録が残らず脱税が成立してしまう可能性があります。そこで、特別に抜き打ち調査をすることが認められているのです。

しかし抜き打ちの調査をされたからといって、**必ずしも脱税をしているということではない**のです。この点はしっかり念頭に置いておきたいものです。

抜き打ち調査とは？

次にこの「抜き打ち調査」が、どのような手順で行われるのかご説明しましょう。抜き打ち調査の場合、税務署は、事前にかなり準備をしています。抜き打ち調査は納税者に反感を買いやすい調査なので、なるべく事前に情報を集めておいて、納税者に負担がかからないようにするわけです。

税務署は、ターゲットとなった納税者がどのくらい儲かっているのか、脱税をしていそうか、などを事前にチェックします。まったく申告漏れがなさそうなところに税務調査に行っても仕方がないからです。この準備段階では、個人の預金口座の残高や取引内容までチェックすることもあります。そして、この納税者の税務調査を行うべきかどうかを、上層部と相談して決定するのです。

税務調査をすることが決まったら、次に**内偵調査**をします。内偵調査というのは、客になり済まして、店舗に入り、営業の状況などを調べる調査です。

だから、もし目つきの鋭い一見《いちげん》さんが来たような場合、税務署の調査官かもしれません。

内偵調査では、客がどのくらい入っているか、レジはきちんと打っているか、帳簿はつけていそうか、などをチェックします。

内偵調査が終わると、いよいよ実際の調査に入ります。調査はだいたい午前9時ごろから始まります。税務調査は**開店前に行われる**のが原則だからです。

その日、いきなり調査官が4〜5人でやって来て、身分証を見せてこう言うはずです。

「○○税務署の○○といいます。今日は税務調査に参りました」と。

このときに納税者が気をつけなくてはならないのは、この時点で税務調査をすることがまだ決定されたわけではないということです。

というのは、抜き打ち調査といえども、断れないことはありません。どうしてもはずせない用事があったり、代表者が不在の場合には、断ることもできるのです。何度も断れば、税務調査に非協力だとしてペナルティーの対象となることもあります（納税者は、税務調査には協力しなければならない義務があるのです）。しかし、一度断ったくらいでは、ペナルティーなどはありません。

税務署が来たときに、まずしなければならないことは、税務調査を受けるかどうかの決断をすることです。税理士に依頼している人は、**税理士に連絡して相談**しましょう。税理士に依頼していない人は、自分で判断しなければなりません。

といっても、税務調査を拒否することは、ちゃんとした理由がなければなりませんし、税務署側としても必死に税務調査を受けさせようとします。もしちゃんとした理由がある場合（どこかに行かなければならないとか、人に会わなければならないような用事がある場合）は、税務署の調査官にその旨を説明しましょう。

そして税務調査を受けることになった場合、まずしなければならないのは、**予定の確認**です。

税務調査では、調査官は事業の邪魔をしてはならない、という前提になっています。だから開業時間までには、臨場調査は終わらせなければなりません。納税者としては開業時間を調査官にきっちり伝え、その時間までには店舗から出てもらうように言いましょう。

もし開業時間後も、店舗内に調査官がいるようであれば厳重に抗議しましょう。これは明らかに**税務署の落ち度**なのですが、ときどきあるのです。

調査官にはどう接すればいいか

前項では、税務署が税務調査に来たとき、最初にどういう対応をすればいいかということをお話ししました。

復習をしますと、税務調査というのは必ず受けなくてはならないものではなく、正当な理由があれば一度くらいは断ることもできる、でも何度も断れば非協力としてペナルティーを課せられる、ということでした。

では、いよいよ税務調査を受けることになった場合、どうすればいいか。

まず税務署の調査官とは、どういう態度で接するべきなのか、お話ししましょう。

税務調査関連の書籍などでは、「**調査官とはなるべく話さないほうがいい**」とか、「税務調査は最低限度の協力だけをすればいい」という記述がされているものも多くあります。

税務調査のほとんどは任意調査なので（巨額な脱税を除く）、調査官は何をするにも納税者の同意が必要、という建前があります。なので、税務調査にはなるべく協力しないほうがいい、というのです。

しかし、これはあまり現実的ではありません。

調査官も人間です。

あからさまに敵対的な態度に出られれば、厳しい対応になります。念入りに税務調査をして、困らせたいという気持ちにもなるでしょう。それは調査期間を長引かせることにもなり、納税者にとっても決して有利には働きません。

だから、**基本は紳士的な対応**をしたほうがいいでしょう。まず最初にお茶くらいは出したほうがいいですし、若干の世間話などもしたほうがいいでしょう。下手に世間話をすると、そこから脱税が見つかる、という場合もないことはありませんが。

調査官の言いなりになってはダメ

だからといって、すべて調査官の言いなりになるのも、いい結果にはつながりません。前述したように税務署の調査官は、納税者から追徴税を取ることをノルマとされています。なんとかして追徴税をとりたいのです。

そして調査官によっては、本当は課税漏れではないのに**納税者をうまく口車に乗せて、追徴税をせしめよう**という人もいるのです。

税務署の調査官というと、法律に従って淡々と処理をする人、間違ったことは絶対に言わない人と思っている人も多いでしょう。

でも、**決してそうではありません**。

税法というのはグレーゾーンが多く、解釈の仕方で税額が変わって来ることもあります。納税者がそれを知らないことをいいことに、無理やり言いくるめて税金をとろうとする調査官もいるのです。そして残念なことに、こういう調査官は**実はけっこう多い**のです。

だから調査官の指摘で、もし納得のいかないことがあれば、納得がいくまで説明を求めましょう。

たとえば、「交際費に計上されている飲食費は多すぎるので、少し削ってください」などと言われたとします。交際費というのは、多いか少ないかが問題ではなく、交際費として計上が可能かどうかが問題なわけです。ちゃんとした交際費ならば、額が多くても問題はないのです。

でも調査官は、さも交際費の額が多いことが問題かのような口ぶりで、否認しようとすることもあるのです。

こういう場合は、「この交際費のどこが問題なのですか？　交際費に該当しないものがあるんですか？」と説明を求めましょう。

また税理士に頼んでいる人は、納得いかないことに関しては、すべて税理士と相談してから回答しましょう。特に追徴税が発生するような指摘を受けた場合は、その場では**絶対に即答しない**ことです。

総じて言いますと、「応対は紳士的に、かといって**相手の言いなりにはならない**」ということが、賢い税務調査の受け方だといえます。

普通の税務調査の流れ

次に事前予告調査の手順をお話ししましょう。

中小企業の税務調査は、だいたい2日から3日間行われます。調査官はだいたい一人、少し規模の大きな会社では二人で行うこともあります。

調査官は午前10時に会社に訪れます。調査はあいさつから始まり、世間話、会社概要の聞き取り調査の順で進んでいきます。そして現金のチェック、金庫内のチェックなどもこのときに行われます。

これでだいたい午前中いっぱいかかります。

午後は、**帳簿調査**を開始します。帳簿調査とは聞き取りではなく、証票類を調べることに中心を置く調査です。

帳簿調査になると、社長は常に調査官の相手をしなければならないことはありません。だから用事があれば外出してもOKです。基本的に用事があればいつでも外出していいのですが、初日の午前中は聞き取り調査が中心なので、なるべく調査官に付き合ったほうがいいでしょう（調査官への心証をよくするということのほかに、調査を早く終わらせるためのコツでもあります）。

そして午後4時ごろ、初日の調査は終了します。

調査を終えて、調査官が今まで調べた中で疑問点があれば、それを社長や税理士に伝えます。たとえば「棚卸の評価額を計算したもとになる資料が欲しい」「決算の翌月の売上の見積書を出して欲しい」などです。

税理士と社長は、翌日までにその回答を用意しなければなりません。回答が長引いてもいいのですが、それは**調査が長引く**ことを意味します。

調査官は税務署に戻って、調査の内容を上司である統括官に報告します。そして、今後どの部分を重点的に調査をするかなどの指示を仰ぎます。

2日目の調査は、前日の疑問点のすりあわせから行われます。前日、調査官が投げかけた疑問点について、会社と税理士側が回答をするのです。

2日目は、調査官は調査項目をかなり絞りこんできます。税務調査は時間が限られているので、会社の経理をすべて見ることはできません。だから、かなり調査項目を絞りこまなくてはなりません。たとえば「売上を中心に見る」「経費を中心に見る」「人件費を中心に見る」などです。

午後4時ごろ、だいたい調査は終了です。

このときまでに大きな疑問点、経理誤りなどが見つかれば、税理士と会社に指摘します。

2日目以降は、調査官は反面調査や銀行調査などをして、最終的なチェックをします。

その上で、指摘事項をまとめます。それを税理士に伝え、税理士と会社で相談した上で、修正申告を提出します。

現金の管理は厳重に

では、次に税務調査では、実際にどんなことが行われるのか、お話ししていきましょう。

調査官によって、調査の手法は若干異なるので、一概には言えない面もあるのですが、だいたいどの調査官も行うような、オーソドックスな調査手法をご紹介していきたいと思います。

まず、よく行われるのは**現金の監査**です。

調査官は、現金の保管状態は必ずといっていいほど調べます。

調査官は、納税者のお金をさわることができないので、現金の監査を納税者に依頼します。調査官の見ている前で、保管している現金の総額を調べ、現金出納帳と照合するのです。もし、この照合が合わなければ、「申告も間違っているでしょう?」などといちゃもんをつけられることになります。

なので、税務調査の前には、現金の過不足がないように、きちんと処理をしておきましょう。

無予告の税務調査ならばともかく、事前に通知されての税務調査の場合は、**現金の管理はきちんとしておきたい**ものです。もし現金過不足があれば、それを把握し、帳簿に記載しておく。そのくらいはしておかないと、調査官に**あらぬ疑いをかけられる**羽目になってしまうのです。

現金の管理はきちんとする!

社員とも打ち合わせをしておこう

税務調査では、従業員への聞き取り調査が行われることもあります。社長は、会社に都合の悪いことは絶対言うはずがありませんので、**現場の声を聞く**というのは税務調査の重要な手法の一つなのです。

普通に「従業員さんに質問させてください」と言って、聞き取り調査を始める調査官もいますが、トイレに行くふりをして、そのまま聞き取り調査を始める人もいます。

調査官は従業員に世間話をするような感じで話しかけながら、会社の肝になることをいろいろと聞いているわけです。

従業員の聞き取り調査で、調査官が調べることというのは、だいたい次の通りです。

- **決算書の人件費は適正か（架空の人件費はないか）**
- **給料の支払いは決算書通りか（水増し計上していないか）**
- **決算書に載っている以外の取引先はないか**
- **正規の事業以外の副業をしていないか**

社長は税務調査が始まる前に従業員にはあらかじめ伝えておいたほうがいいですね。

「今日は税務調査があるので、調査官から質問をされたりすることもあるかもしれない」

「税務調査は定期的に行われるもので、会社にとっては普通のことだ」

そうしないと、世間には税務調査イコール脱税と思っている人も多いので「なんだこの会社、給料安いくせに脱税してるのかよ」などと思われかねません。

税務署が重視する〝原始記録〟とは？

事前予告調査で、もっともメインになる調査は**帳簿調査**です。帳簿調査とは、その名の通り会社の帳簿を見る調査のことです。

ただ帳簿調査といっても、調査官は納税者が用意した帳簿などはあまり重視されません。納税者が税務署に見せるために用意した帳簿に、納税者の都合が悪いことが書かれているわけはないからです。真実を突き止めるためには、そういう「作られたもの」ではなく、ありのままのものを見なければならない、国税調査官はそういう教育を受けているのです。

調査官は、税務調査が始まってすぐに、その会社にはどういう帳簿類があるのかを調べます。実際の営業の中で会社が使っている帳簿を探すのです。

たとえば、まず「御社で使っている受注の記録を見せてください」と言って、納税者が売上伝票を持ってきたら、「売上伝票に記載する前は、どこに記録していたんですか」などと聞いてきます。受注したとき、直接、売上伝票に記録するはずはない、メモとか手控えなどに記録しているはず、というわけです。

こんな具合で、**受注に関する最初の記録**をつきとめてくるわけです。

納税者が「そんな記録はない」と言うと、次のような方法を使うときもあります。

調査官が「一番、最近受注したのは、いつですか？」と聞きます。納税者が「ちょっと待ってください」と言って自分の手帳を取り出して、確認しようとしたときに、「それを見せてください」と言うのです。

これは、**実際のところ防ぎようがありません**。なぜなら納税者は税金に関する記録は、すべて見せなければならない義務があるからです。

だから納税者としては作った帳簿だけではなく、実際の記録も見られるということを常に念頭に置いておきたいものです。

納税者が絶対にしてはならないこと

税務申告において、**不正（脱税工作）だけはしてはならない**、といえます。

これは社会道義的な面もありますが、なによりリスクが高いからです。先ほども申しましたように税務署の調査官というのは、不正を発見することが仕事です。つまり不正の発見については、非常に高度なノウハウを持っているのです。

そして一度、不正が発見されてしまえば、多額の追徴税が課せられる上、その後、税務署から重点的にマークされることになります。税務調査の頻度もぐっと増すことになります。**こんなバカバカしいことはない**のです。

「でも税金は払いたくないし……」そう思われる人も多いでしょう。確かに税金はだれでも払いたくないものです。特に自分で商売をされている方ならば、儲かったときにはなるべく多くの利益を残したいと思うものです。

ならば、どうすればいいか、というと、「**徹底的に節税をすること**」です。こういうと当たり前すぎるかもしれません。これは、税金の神髄《しんずい》をついていることなのです。脱税をする人のほとんどは、節税の知識がない人なのです。ちょっとした知識があれば、税金というものは**あっけないほど安くなる**ものなのです。

節税ポイント「経費を増やす」

税金を減らすために、収入を減らす？　経費を増やす？

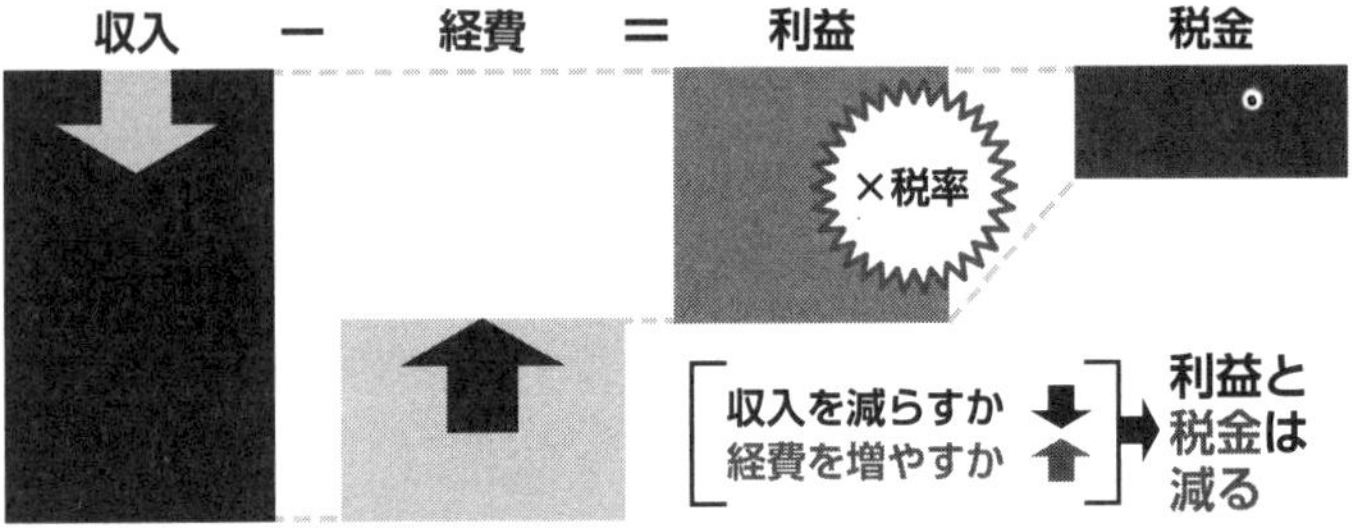

収入を減らすリスクをとるよりも、経費を増やすことがオススメ！

今の支出を見直すと、実は経費になるものが、考えている以上にたくさんあります！

check　専従者給与、専従者控除を活用しましょう！

基本的に個人事業者は、自分自身や配偶者に給料を支払っても経費にすることはできません。しかし例外的に、青色申告では「専従者給与」、白色申告では「専従者控除」の制度が活用できます！　ただし、配偶者控除や配偶者特別控除などが受けられなくなるというデメリットもあるのでご注意ください。

交際費	旅費交通費	仕入費	事務用品費
給料賃金 福利厚生	賃貸料	消耗品費	水道 光熱費
通信費	荷造運賃	広告宣伝費	新聞図書費

税務署からおとがめを受けずに、さらに自分の取り分を圧迫しないように
経費を積み上げていくのが、うまい経費計上のやり方です！

第2章

税務署は何を見るのか？

調査官が大好きな「交際費」

接待交際費という科目は、税務調査で非常に問題になりやすいものです。

というのも接待交際費には、**社長などの個人的な支出**が含まれているケースが多いからです。

それを目当てにして、調査官は追徴税を稼ぎにくるのです。

特にゴルフ代などは、その最たるものです。

ゴルフ代というのは、接待交際費に計上するには微妙なケースが多いものです。ゴルフは遊びの要素が強いからです。

たとえば、その企業の社長自身がゴルフ好きだったような場合、ゴルフ代は限りなく趣味の費用といえます。でも、仕事に関係ないかといえば、そうともいえません。

また趣味でやったとしても、取引先の人と一緒にゴルフをやることが仕事につながらないとは限りません。取引先ではなく単なる友人とゴルフをしたとしても、その友人が思わぬ仕事上のメリットをもたらしてくれることもあります。

だから遊びのゴルフだからといって、交際費に入れられないということはないのです。

もし調査官にゴルフ代のことを追求されれば、「これは仕事に関係がある」と**頑強に抵**

交際費として認められる主な支出

- 接待などでの**飲食代**
- 交流会やイベントへの**参加費**
- お中元やお歳暮
- ご祝儀や香典
- お車代
- 取引先への**商品券やギフト券**
- 取引先との**旅行代**
- 接待ゴルフ
- 会食、宴会費用
- 取引先へのお土産など**贈答品**

抗すべきでしょう。ゴルフ代を納税者が強行に接待交際費だと主張すれば、それをくつがえすのはなかなか難しいのです。

もちろん、限度はあります。

年収500万円の社長がゴルフ代で数百万円も使っていれば、それは**社会通念上**おかしい、ということになってしまいます。

税金には、グレーゾーンが多いということを何度か述べてきましたが、グレーゾーンの正否を判定する上で、「社会通念上」というものが重要な要素になるのです。**世間の常識に照らし合わせてどうか**、ということです。

もし、社会通念上に照らし合わせてク

ロならば、課税されてもしょうがない（裁判でも負ける）のです。

だから接待交際費になるかどうかは、この「社会通念上」ということを念頭に置いておくようにしましょう。社会通念上、妥当といえるものならば、調査官が何と言おうと、受け付けなくていいのです。

隠れ交際費とは

調査官は交際費自体も好んでチェックしますが、**隠れ交際費**を探すことも大好きです。

隠れ交際費というのは、本来は交際費に該当するものなのに、交際費として計上せずに、他の勘定科目で処理しているものです。

大企業では、接待交際費の半額しか損金計上が認められていません。また中小企業でも、交際費は８００万円の限度額が定められており、それ以上かかった場合は、損金計上が認められていません。

そのため本当は交際費に該当する経費なのに、他の勘定科目を使っているというケースは非常に多いのです。それを見つければ即、追徴課税となるので、**調査官は血眼になって捜す**のです。

企業規模別 交際費の税務比較

	上限金額	計上額
個人事業者	接待交際費の上限なし（無制限）	交際費の100%を経費計上できる
中小企業	●800万円までの接待交際費 ●接待飲食費の50% どちらかを選択して経費算入可	限度額まで交際費に経費計上できる
大企業（資本金1億円超）	●接待交際費のうち飲食費の50%まで ●1人あたり5,000円以下の飲食費まで経費算入可	限度額まで交際費に経費計上できる

個人事業者の場合は、接待交際費に上限なし！
接待や交際に使った金額は、全額経費として認められます。

たとえば土地取得を必要とする企業の「地元対策費」、一部の社員に対する飲食、宴会費は交際費であり、取引先へのリベートも交際費となる場合があります。また談合にかかった機密費なども交際費とされます。

「隠れ交際費」は、わざと交際費にしない場合もありますが、勘違いして交際費にしていない場合もあります。勘違いして交際費に入れないことがないように、勘違いしやすいケースを紹介しましょう。

交際費かそうでないかの違いは、以下の通りです。

取引先にカレンダー、手帳、タオルなど

を配る……宣伝広告費
取引先を宴席、旅行などに招待する……接待交際費
忘年会など社員の一定以上が参加する宴会飲食費用……福利厚生費
社員の一部のみが参加する宴会飲食費用……接待交際費
商店街など私的団体に対する寄付……接待交際費
公共団体などに対する寄付……寄付金

会議費に気をつけよう

前項で紹介した「隠れ交際費」では、「**会議費**」も気をつけなくてはなりません。

企業には会議費という費用が認められており、これには飲食費を含ませることもできます。この会議費を上手に使えば、会社としては良い節税になります。しかし使い方を間違えれば、税務調査で否認され、多額の追徴税を払う羽目になるのです。

まず会議費について、最初に確認しておきましょう。

会議費とは、事業での会議にかかる費用のことです。会議では会食をしたり、少し酒が入ることもあります。税法上もちょっとした飲食費ならば、会議費として認められます。

飲食費を会議費で落とす際の注意点

❶ 場所	会議に相応しい場所（レストランか飲食店など）
❷ アルコール	ビール1～2本、ワイン数杯程度
❸ 金額	社会通念上許される範囲（1人2,000円程度）
❹ 議事録を残す	1）日時、議題
	2）参加者の氏名…人数と全員の氏名、他社の人間は会社名と氏名
	3）会議場所…喫茶店、レストラン、食堂は○。飲み屋、スナック、クラブは×
	4）会議の日時、内容
	5）その他、参考となる事項

会議費として認められる飲食費の額には、明確な基準はありません。「社会通念上」で会議として認められる範囲ということになっているのです。この辺があいまいなので、納税者としてはやりにくいですよね。

でも、若干の基準はあって、アルコールの場合は、一人ビール1~2本、ワイン数杯程度という目安となっています。

名目は会議なのだから、会議にふさわしい場所で行われなければなりません。居酒屋とか、バーなどでは**ちょっとマズイ**ということになります。まあ、レストラン程度の場所ではないと、会議ということはできにくいでしょう。

またもちろん会議の形態を取っていなけ

ればなりません。議題、参加者の氏名、会議が行われた場所、飲食費の額などの**記録はしっかりと残しておく**必要があります。そうじゃないと、単なる飲み会と思われても仕方がないのです。

たとえば私が調査官時代に税務調査をした会社に、こういうところがありました。コンピュータソフトを製作しているA社です。A社では毎年多額の会議費が計上されており、私はそれを不審に思い、会議費に関する帳票類を徹底的に調べました。会議費の領収書の中には、ホテルのレストランなどのものもありましたが、明らかに居酒屋と思われるものも多くあったのです。

私は担当者に対して、会議の議事録等の提出を求めました。でも議事録は一部しかありませんでした。

そこで私は、議事録のない会議における会食費、居酒屋と思われる場所での会食費をリストアップし、それは交際費に計上してもらうことにしました。

飲食等交際費の判定チャート

1人5,000円以内の飲食費を経費計上する場合の残すべき記録

❶ 飲食のあった年月日
❷ 参加した人の会社名と氏名、その関係
❸ 参加人数、費用の総額
❹ 飲食店の名称と所在地
❺ その他、参考となる事項

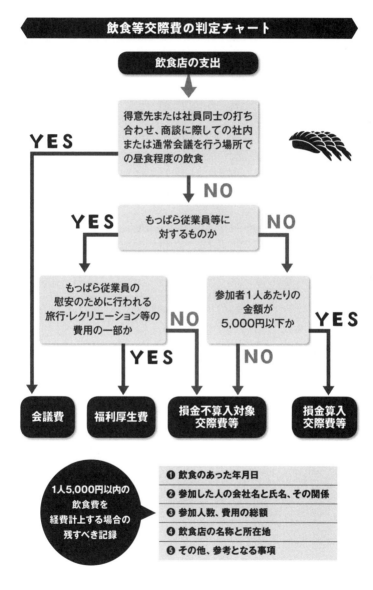

交際費の特例の落とし穴

現在の税法では、接待交際費に関する特例として、一定の条件を満たず交際費は全額を損金経理（交際費ではなく、普通に経費計上していい）できるようになっています。この特例を簡単にいえば、一人あたり5000円までの飲食費ならば全額を損金経理していい、というものです。

一人あたり5000円とは、一人5000円以内ということではなく、飲食費を参加人数で割った金額が5000円以内に収まればいいということです。

この5000円以内という金額は、**消費税抜きの金額でＯＫ**です。だから消費税込みの場合は、5500円まで大丈夫ということになります。

企業の交際費は損金経理するには制約が多いので、この制度はありがたいものです。しかしこの制度を使うためには、次のような必要事項を記載した書類を残しておかなければなりません。

①飲食が行われた年月日

②参加者の氏名と取引先名及びその関係

報告書の例

報告書

提出日：令和○○年○○月○○日

日　時	
出席者と関係	
参加人数	
金　額	
飲食店名	
その他	

③参加人数
④費用の金額と飲食店の名称
⑤そのほか参考となるべき事項

この制度を使っている企業は、書類をきちんと備えているかどうか、忘れずにチェックしておきましょう。

特に人数に関しては、きっちり確認をしてください。

たとえば全部で3万円の場合は、6人以上いればOKですが、5人以下であれば不可となります。5人以下であれば、人数分かける5000円が交際費から除かれるというわけではなく、全額が交通費になってしまうのです。

またこの特例は、取引先との接待に限られます。社員同士の飲み会では適用できません。

期末の経理処理は要注意

帳簿調査の中で、調査官がもっとも厳重にチェックするのは、期末の経理処理についてです。

というのは、**期末の経理処理の誤りは非常に多い**のです。税務調査で見つかる追徴課税の大半は期末の税務処理に関するものなのです。

具体的にいえば、「本当は今期の売上に該当するはずなのに、翌期の売上に計上されている」、または「本当は翌期の経費に該当するはずなのに、今期の経費に計上されている」などです。

たとえば3月末決算の企業などの場合、4月頭の請求書などを徹底的に調べられます。

「この4月4日に発行している請求書ですが、品物はいつ納品していますか」

などと調査官は聞いてきます。そして納品書などで確認し、3月末までに納品していれば、「それは3月末の売上に計上してください」となるのです。

だから期末の経理処理は、**特に厳重にチェック**しておきたいものです。もし高額の売上計上漏れが一件でも見つかれば、かなり高い税金を払う羽目になります。

こういう誤りのことを税務用語で「**期ズレ**」と言います。経理処理の「期間がずれている」ということです。

この「期ズレ」は一時的に利益が軽減されますが、翌期の利益に加算されるので、トータルで見れば税金は安くなりません。だから以前は、税務署もそれほど目くじらを立てることはありませんでした。

しかし、昨今は税収不足のためか、「期ズレ」でも徹底的に指摘するようになりました。

また「期ズレ」は簡単に追徴税が取れることから、調査官にとって**実績をあげるために頻繁に使われる**ようになっています。

もちろん、こういう傾向は納税者に歓迎されるはずはありません。そんな重箱隅つつきをするのではなく、もっと明確な不正工作などをきちんと取り締まり、小さい経理誤りなどは大目に見るべきではないか、と抗議をする納税者団体などもあります。

中小企業は経営者の私的費用がないかをチェックされる

中小企業の税務調査では、会社の経費の中に社長の個人的支出が含まれていないか、ということを重点的に見ます。

中小企業のほとんどは、社長がオーナーでもあり、会社の金を自由に使える立場にあります。そういう場合、得てして、自分のものを買うときに、会社のお金で買ってしまうことがあるのです。

だから調査官は、好んで「**社長の個人的な使いこみがないか**」をチェックします。

私も、調査官時代はそうでした。たとえば、こういうことがありました。

建設業のT社に税務調査に行ったときのことです。

T社の経費を調べていると、テレビとビデオの領収書が備品費として計上されていました。

私はさっそくこの領収書のことを社長に聞きました。

「このテレビとビデオは、なんで購入されたんです?」

社長は「仕事の研究のためです」と答えました。

「では、テレビとビデオはどこに置いてありますか?」

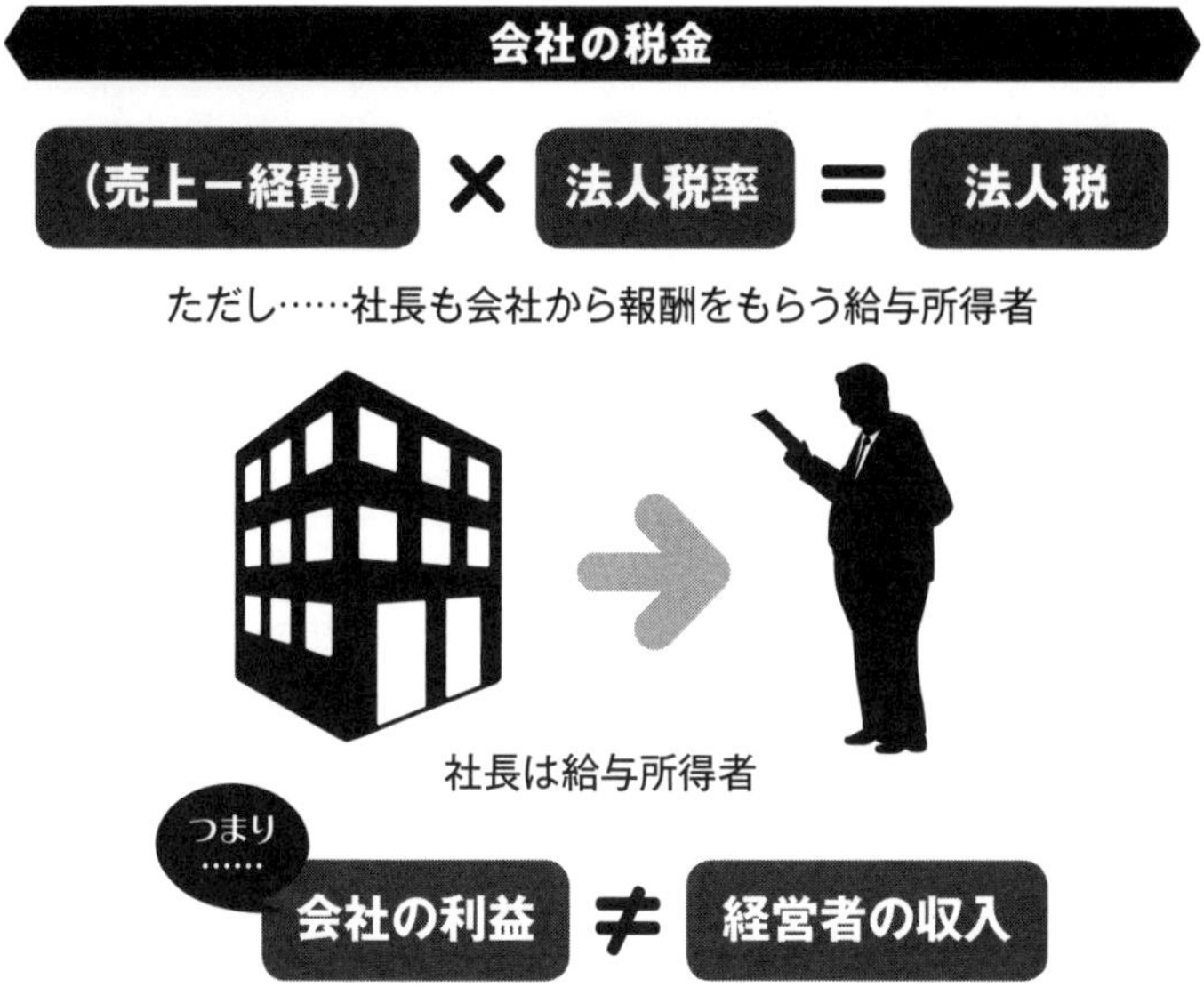

と私が聞くと、社長は言葉に詰まりました。よくよく聞いてみると、テレビとビデオは社長の自宅に置いてあるようです。そのことを追及すると社長は、この領収書が私的な経費であることを認めました。

会社の経費か、個人的な支出かというのは、実は**非常に判断が難しい**ものでもあります。

会社の業務に必要なものならば、当然経費として計上できます。その範囲はけっこう広いもので、一般的に見れば個人的なものであっても、認められることもあります。

たとえば、通勤途中に駅で週刊誌を買

ったとしても、それが仕事に関係するものならば会社の経費で落とすことができます。また旅行をしたときでも、それが会社の業務に関係する視察であれば、会社の経費で落とすことができます。

要は税務署に対して「**会社の業務です**」といえるものかどうかということです。

T社の例においても、テレビとビデオが社長の自宅にあったからといって、**それだけで否認されるものではない**のです。もし本当に、そのテレビとビデオが会社の事業のために使われているのならば、たとえ社長の自宅に置いてあったとしても経費に計上できます。

テレビをパソコンに置き換えれば、わかりやすいはずです。会社のパソコンは、社員が自宅に持ち帰ることも多々あります。しかし、だからといって、それを経費として認めない、などということはないはずです。

T社では、おそらくテレビとビデオは会社の業務に一切使っていなかったのでしょう。だから社長は、すぐに個人的な経費であることを認めたのでしょう。もし社長の保管しているビデオテープの中に、事業に関する番組などが録画されていれば、**否認されなかった可能性が高い**のです。

代表者勘定は気をつけよう

中小企業は、**代表者勘定**を設けていることが時々ありますが、この代表者勘定は気をつけなくてはなりません。

代表者勘定というのは代表者と会社の貸し借りを記した勘定科目ですが、代表者勘定のある会社というのは、それだけで「社長の金と会社の金が明確な区分ができていない」と見られがちです。

代表者勘定において、まずチェックされるのは代表者が借り越しになっている場合、利子をきちんととっているか、ということです。代表者が借り越しになっているというのは、社長が会社からお金を借りている状態になっていることです。そこには当然、利息が発生しなければなりません。

会社と社長とはいえ、経済主体としては、別個のものです。会社からお金を借りていれば、利子は払わなければなりません。もし利子を払っていない場合は、その利子分は会社の**利子収入計上漏れ**ということになります。代表者勘定での利子は、市中の金利相当を計上されていればOKです。

また代表者に仮払いをした金の清算が終わっていない場合は、それを調査官に突っ込まれる恐れがあります。ここ数カ月の間の数十万円程度ならばいいのですが、何年にも渡って清算されずに、数百万円にも上っているような場合は、**いちゃもんをつけられる可能性が非常に高い**といえます。代表者勘定があまりにもルーズであれば、代表者の賞与とみなされても、仕方がないことになります。

代表者に対する仮払いなどは、税務調査が来るまでに清算しておいたほうがいいでしょう。

外注費も要注意

外注費も、調査官が重点的にチェックする項目です。**外注費は脱税に使われやすい**からです。

外注費の場合、他の経費と違って、内容が詳細でないこともあるのです。外注内容は「○○現場の仕事」などということになっているだけのものも多いのです。それを逆手にとって、架空の外注費をつくる脱税者が多いのです。

だから調査官は、外注費に怪しいものがないか、血眼になって捜します。

外注費がある企業は、その点をしっかり念頭に置いておきましょう。

仕事内容などの詳細が大雑把に記載されているもの、見積書や請求書がなく、ペラペラの領収書だけしかないものなどは、要注意です。調査官に怪しまれないように、仕事の内容などはあらかじめ確認し、調査官にすぐに返答できるようにしておいたほうがいいでしょう。でないと、痛くない腹を探られる羽目になりかねません。

そして外注費のうち、いくつかは**反面調査**を行われると思っていいでしょう。反面調査とは、調査対象者の取引先を調査し、取引が正しく計上されているかチェックするものです。これを大々的にやられると、**企業の信用はがた落ち**します。しかし、この反面調査は、税務調査において必要だとして、最低限の使用は判例でも認められています。

なので、反面調査をされて信用失墜にならないように、大事な取引先には、あらかじめ「今、税務調査を受けているので、もしかしたら税務署から照会などがあって、ご迷惑をかけるかもしれません」と連絡しておいたほうがいいでしょう。取引先も、急に税務署が訪ねて来るとびっくりして、「あの会社は何か悪いことをしたんじゃないか」と疑《うたぐ》られかねません。が、あらかじめ知っていれば「普通の税務調査だろう」ということになります。

棚卸のチェック

税務調査では、棚卸（在庫）のチェックもよくされることです。在庫を少なく計上する**「棚卸除外」という脱税が非常に多い**からです。

棚卸除外は在庫表を書き換えるだけで済むので、脱税者から見れば簡単にできる脱税法なのです。

だから調査官は、棚卸を厳重にチェックします。棚卸というのは業界外の人にとってはなかなかわかりにくい面もありますが、調査官はその点しっかり研究して誤魔化《ごまか》しなどが利かないようになっているようです。

納税者としては、**棚卸表は明快にわかりやすく作っておいたほうがいい**といえます。棚卸表に**書き直しの跡**などがあったら、必ず調査官の追及にあいます。

人件費はこう見る

人件費も、調査官が非常に重視するものです。

人件費も、脱税に使われやすい勘定科目だからです。

最近はあまりありませんが、以前は、架空の人物が勤務しているように見せかけて、人件費を水増ししたり、実際よりも多く給料を払っているように偽装して脱税しているケースが多かったのです。給料受け取りの印鑑を会社で用意しておいて、適当に受領書を作っているようなケースも多々ありました。

昨今では、ほとんどの企業で社会保険などが完備されているので、「架空の人物」を作り上げることは難しく、このような露骨な架空人件費はありません。

でもアルバイトの給料を水増ししたり、**架空のアルバイト代を計上するという脱税はまだまだ多い**ので、調査官としても厳重にチェックするのです。

人件費は、タイムカード、出勤簿、給与台帳などの帳簿類と、業務日誌などの現場の記録との照合などでチェックされます。

ただし調査官は、漫然と帳票類を照合するだけではありません。不審な点がないかどうかも絶えずチェックしています。

たとえばタイムカードを見て、入社時間、退社時間がほとんど同じカードが何枚かあったとすると、それは、だれかが一度に何枚かのタイムカードを押しているのではないか、と疑ったりするのです。

また不審な人件費があれば市役所に問い合わせて、その人件費が実在する人物に払われたものなのか、を調べます。市役所と税務署は課税情報の提携をしているので、住民税や社会保険料の情報はすぐに教えてくれるのです。もし実在しない人物がいれば、それですぐに発覚することになります。

また他の社員に聞き取りすることもあります。帳簿上の社員の数と実際の社員の数は合っているかどうか、帳簿上の給料支払いの金額と実際の支払金額に開きがないか、などを確認するのです。

外国人労働者を雇っている企業は要注意

外国人労働者を雇っている企業は、注意を要します。

というのは外国人労働者を雇っているふりをして、人件費を水増しし、脱税するというケースが多かったので、調査官は**外国人労働者の人件費について詳細にチェックする**のです。

なので外国人労働者については、調査官から誤解を招かないように給料の支払いを振込にしたり、身元確認の書類を保管するなどの準備をしておきたいものです。

ただし、それはできる限りで構いません。

調査官が誤解しないように準備するのは、調査を早く終わらせるためであり、納税者の義務ではないのです。

もし本当に外国人労働者を雇って給料を払っていたのだけど、その外国人が所在不明になっていて雇用していた実態があったかどうか確認が取れない。このような場合、それを確認するのは、**調査官の仕事**なのです。納税者のほうが、必ず潔白を証明しなければならないという義務はなく、できるだけのことをしていれば十分なのです。

家族を社員にしている会社も要注意

家族を社員にしている会社も、注意を要します。

中小企業の場合、経営者の家族を社員にしているケースが多いのですが、ほとんど仕事をしていないのに給料を払っていたり、その仕事に比してあまりに多額の給料を払っているケースも多いのです。これは、**調査官としては否認したくなる事項**です。だから、家族への給料というのは、厳しくチェックされます。

家族従業員が、ちゃんと出勤しているのか、実際にどんな仕事をしているのか、またはしていないのか、などを出勤簿、業務日誌などから調べたり、他の社員に聞き取ったりします。

平成18年度の税制改正では、経営者の家族に対する給料が厳しく制限されるようになりました。簡単にいえば、原則として第三者を雇ったときと比べて、仕事の割に給料が高い場合は否認されることになったのです。

これにより、中小企業の経営者やその家族の給料を否認しやすくなったといえます。だから家族を社員にしている場合は、ちゃんと出勤していること、どんな仕事をしているか、などが明確にわかる資料を準備しておいたほうがいいでしょう。これも税務調査をスムーズにするためであって、納税者の義務ではありません。

福利厚生費も気をつけよう

調査官は、**福利厚生費も好んでチェック**します。

中小企業は、社長が会社の経費を私的に使っていることが多いということを前述しましたが、福利厚生費の名目でも、社長の個人的な支出がありがちなのです。

福利厚生費とは、会社が社員の健康や娯楽のために支出をした場合、経費計上できるものです。スポーツ観戦、コンサートなどのチケット代金、スポーツジムの利用料などが経

就業規則に福利厚生内容を記載しておく

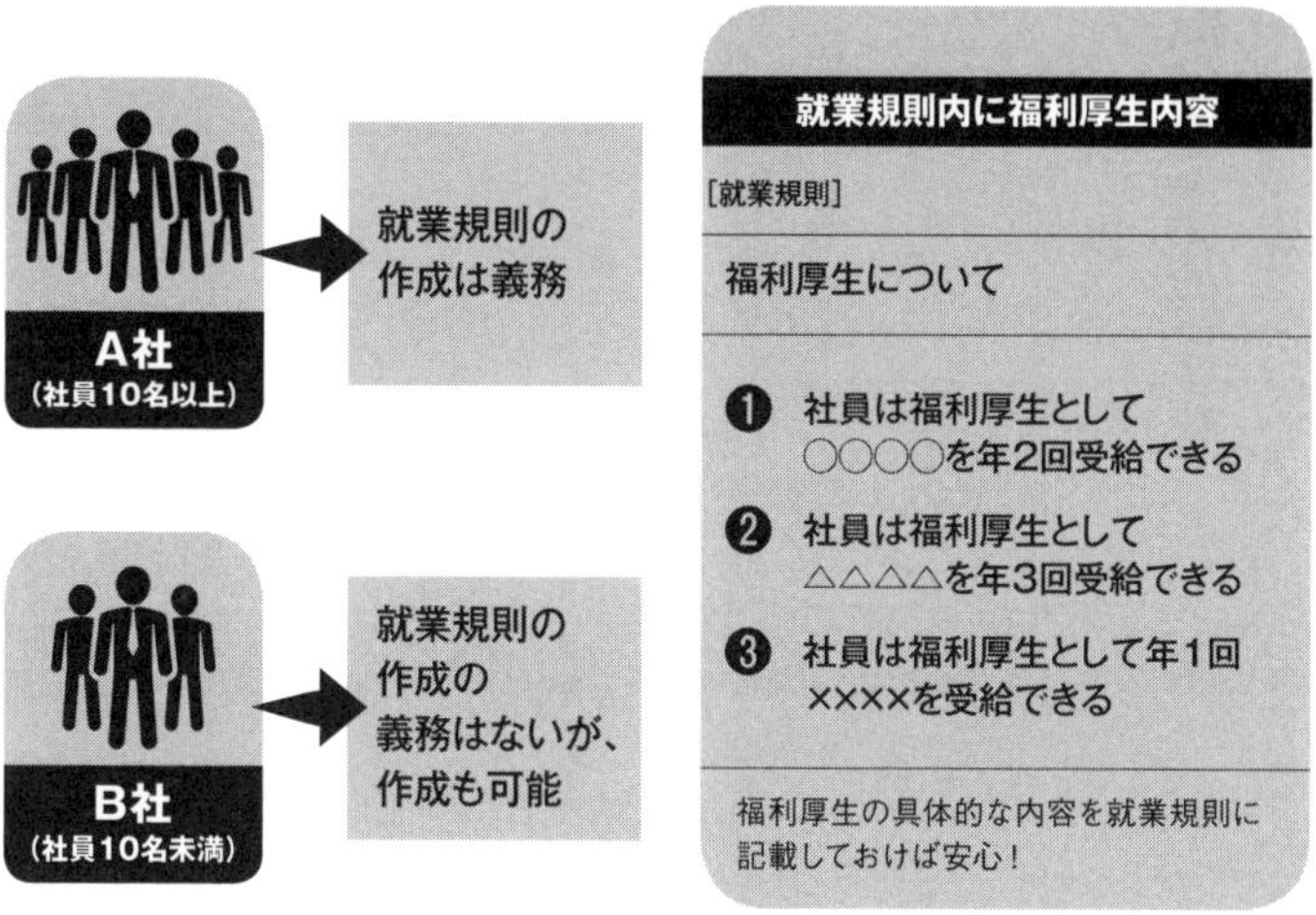
A社
（社員10名以上）
就業規則の
作成は義務
B社
（社員10名未満）
就業規則の
作成の
義務はないが、
作成も可能
就業規則内に福利厚生内容
［就業規則］
福利厚生について
❶ 社員は福利厚生として
○○○○を年2回受給できる
❷ 社員は福利厚生として
△△△△を年3回受給できる
❸ 社員は福利厚生として年1回
××××を受給できる
福利厚生の具体的な内容を就業規則に
記載しておけば安心！

費計上できます。

この福利厚生費で気をつけなくてはならないのは、会社で福利厚生費として支出するものは、**一部の社員だけしか恩恵を受けられないのはダメ**ということです。

たとえばスポーツジムの利用料を福利厚生費として計上する場合、社長やその家族しか利用しておらず、他の社員は利用できないようになっている場合は**不可**ということです。

福利厚生費が認められるかどうかのポイントは次の二点です。

社長の家族以外の従業員も使える（使っている）かどうか。

世間一般の常識に照らし合わせて、福利厚生の範疇《はんちゅう》であるかどうか。

社長の家族以外の従業員も使える（使っている）かどうかというのは、従業員も使えるように規則上はなっていても、実際にはまったく利用していないような場合は、ちょっとまずいといえます。「事実上、社員は使えない」となるからです。

福利厚生については、就業規則などにきちんと記載して、それを従業員にも配布しておいたほうがいいでしょう。そこまでしておけば、福利厚生において従業員はみな平等に扱われている、ということになります。

世間一般の常識に照らし合わせて福利厚生の範疇《はんちゅう》であるかどうか判断するのは、難しい点でもあります。福利厚生などというのは、社会が豊かになれば、より進化してくるものなのです。大企業、公務員が行っている福利厚生などを参考にし、その範疇であれば問題ないといえます。

少額固定資産も要注意

少額の固定資産を購入している場合も、**調査官のしつこいチェック**にあいます。

普通、10万円以上の固定資産を買った場合、その年に一括して損金経理はできず、減価償却資産として耐用年数に応じて償却していかなければなりません。

しかし中小企業は特例で30万円未満までの固定資産を購入した場合は、購入した年に一括して損金経理することができるようになっています（令和2年3月31日まで。ただし青色申告者のみ）。

この特例を活用しようと、利益が上がったときには、30万円未満の固定資産を購入しようと考えている経営者も多いのではないでしょうか？

ただし、これには**誤りやすい点**があります。

固定資産一つ一つは30万円未満であっても、一揃えでないと使えないものがあります。その場合は一つ一つの金額ではなく、一揃えの総額で判断しなければならないのです。

たとえば、ソファーとテーブルの場合です。ソファーは22万円、テーブルは27万円だった場合、一点ずつで見たときは30万円未満です。しかしソファーとテーブルは一揃えでしか使えないものなので、全部でいくらかで判断されるのです。このソファー、テーブルのセットで49万円なので、30万円を超えています。なので一括経費にはできず、固定資産として計上しなければならないのです。

生命保険も間違いやすい

生命保険も**非常に間違いやすい勘定科目**であり、調査官は好んでチェックします。

会社は役員や社員に生命保険をかけていることがあります。

生命保険は、その種類や被保険者と受取人の関係などで、経理処理の方法が違ってくるのです。

受取人が被保険者の遺族になっている生命保険で、保険に加入しているのが社長や役員など一部の人のみという場合です。この掛け方では会社の損金としての経理はできません。また貯蓄タイプの生命保険を損金経理している場合も多いものです。貯蓄タイプの生命保険は原則として損金経理はできないのです。

生命保険の基本的な経理処理は次のようになります。

受取人が会社の場合……経費に計上できます
受取人が遺族の場合……社員全員が加入していれば経費に計上できます
……役員など一部のみだけ加入なら、加入者の給料となります

また生命保険の掛け方は経費に計上できる場合であっても、生命保険に、生存保険金や年金がついている場合は、全額経費にできないことになります。生存保険金、年金付きの生命保険の経理処理は次の通りになります。

生命保険の掛け金部分……経費に計上できます
生存保険、年金の掛け金部分……資産として計上
生命保険部分と年金部分の区別がつかない場合……全額が資産計上

このように年金、生存保険など貯蓄性のある生命保険では、**貯蓄部分は経費にできない**ということです。

また昨今、逓増《ていぞう》定期保険と言う節税型の生命保険がよく出回っていました。これは、掛け捨ての生命保険だけれど、解約返戻金が異常に高いというものです。表向きは掛け捨てだけど、**事実上の貯蓄保険**だったのです。

この逓増定期保険は、税法の抜け穴を突いたもので、一時期は節税保険としてもてはやされました。が、平成20年の税制改正で、逓増定期保険も内容に応じて資産計上しなくてはならなくなり、節税商品としての価値はあまりなくなりました。

だから、保険の外交員から逓増定期保険に加入を勧められたような場合は、要注意です。

また自社が加入している生命保険全体について、再度チェックしたいものです。

修繕費が大きいときは要チェック

高額の修繕費がある場合は、要注意です。

修繕費は一括で経費で落とせる場合と、固定資産として計上しなければならないものがあり、**間違いやすい**のです。なので調査官たちは、例年よりも修繕費が高額になっている場合は、厳重にチェックするのです。

会社の資産などを修繕した費用は、原則としてその年に一括して経費にできます。しかし修繕したことによって、その固定資産の価値が上がるような場合は、一括して経費化するのではなく、固定資産に計上して減価償却していかなければなりません。

ちょっとわかりにくい話ですよね。

たとえば建物の屋根を修繕したとき、壊れた部分を元の材質と同じもので修繕したのであれば、全額修繕費として**一括計上して大丈夫**です。でも前の材質とは違う断熱材などを使い、性能や耐久性が増したような場合は、**資産として計上**しなければならないのです。

納税者から見れば、修繕費用はなるべくなら一括して経費化したいものですが、ここは規則通りに経理処理をしましょう。また純然たる修繕費でも高額の場合は、調査官からいろいろ文句をつけられることもあります。修繕前の状況を写した写真などを用意しておき、「修繕しただけ」ということを証明できる準備をしておくと、のちのち面倒がありません。

修繕費というのは、修繕しただけなのか、資産としての価値が増したのかを判明しにくい部分でもあります。

そこで金額によって、判別する方法がありますので、ご紹介しておきましょう。

まず60万円以上の費用がかかっているかどうかが、第一の判定材料となります。60万円未満ならば、修繕費か資本的支出か不明であっても修繕費に算入できるのです。

また明らかに資本的支出だとわかっているものでも、一つの固定資産に対して20万円未満ならば、修繕費とできます。

修繕費に算入できる要件をまとめると、次の通りです。

修繕費に算入できる要件

1	**原状回復までの費用**
2	**少額または周期の短い費用の損金算入** 一つの修理や改良のために支出した費用が、次のいずれかに該当すれば修繕費として損金経理することができる。 ・支出額が20万円未満の場合 ・おおむね3年以内の周期で修理や改良が行われている場合
3	**形式基準による修繕費の判定** 資本的支出か修繕費かが明らかでない金額で次のいずれかに該当するものは、修繕費として損金経理することができる。 ・支出額が60万円未満の場合 ・支出額が修理・改良をした固定資産の前期末の取得価額のおおむね10%相当額以下である場合 （注）10%基準は、「原始取得価額＋前期末までに支出した資本的支出の額」で判定し帳簿価額（未償却残高）は関係ない。
4	**資本的支出と修繕費の区分の特例** 資本的支出か修繕費かが明らかでない場合には、継続適用を条件として、次のいずれか少ない金額を修繕費として損金経理することができる。 ・支出額の30%相当額 ・その固定資産の前期末取得価額の10%相当額
5	**災害などの場合の特例（基通7-8-6）** 災害などで損傷した固定資産に対する支出額で、資本的支出か修繕費かが明らかでないものは、支出額の30%相当額を修繕費として損金経理することができる。

第3章

税務署の情報力とは？

原始記録はどのように探されるのか

税務調査では、調査官は納税者が準備した帳簿などはあまり重視しません。前述したように、税務調査のほとんどは任意調査であり、事前に「調査をしていいですか」という打診がされます。そういう状態では、納税者が自分で準備した帳簿類というのは、自分の都合の悪いことが残っているわけはありません。

だから、調査官は納税者が「隠しているもの」「真実の記録が載っているもの」を探そうとします。具体的に言えば、実際に事業の中で使われている記録、メモの類です。これらは原始記録といわれます。

たとえば**従業員の業務日誌**、さらにいうならば、手帳や手控え帳などの類です。ほかにもさまざまな原始記録がありますが、それらが代表的なものです。

ですから調査官は税務調査の際に、実際の業務内容、その記録や管理はどうなっているのか、ということを必ず調べます。

売上関係を調べる場合、注文はどういう形でだれが受けるのか、どんな取引先があるのか、仕事（納品）はどういう形で行われるのか、決済はどういう形で行われるのか、その一連はどういう記録をとっているのか、などを聞き取るのです。

これらの記録は必ず残っているはずなので、もし記録が残っていなければ、**税務署に疑いを持たれる**ことになります（受注や売上などは日々記録しているはずであり、法定帳簿しかないようなことはありえないので）。

調査官は納税者と話をすすめつつ、原始記録のありかを探り出そうとします。

たとえば、こういう具合にです。私が電気工事業のU社の税務調査をしたときのことです。調査の最初にこういう質問をしました。

私「受注先は、どんなところが多いんですか？」

経営者「だいたい業務用が多いですね。個人のお客さんはほんの少しです」

私「仕事はどういう形で入ってくるんですか？」

経営者「知り合いからの紹介が多いですね。たまに電話帳を見て、頼んでくる方もおられますが……」

私「知り合いから仕事が入るっていうことは、かなり交友関係は広いのですね」

経営者「そうですね、昔からここに住んでいますからね」

私「仕事を請けたとき、どういうふうにして仕事の段取りを決めるんですか」

経営者「予定を見て、従業員に振り分けます」
私「予定はどうやって管理しているんですか」
経営者「それは、手帳に書いたりしています」
私「その手帳を見せていただけますか」

私のこの言葉にU社の経営者は、少し慌てましたが、断ることもできずに手帳を見せました。つまり、この手帳が「原始記録」というわけです。

私は、その手帳に書かれている現場名と、売上帳に記載されている相手先の照合をはじめました。そして手帳に記載されているのに、売上帳には記載されていない仕事がいくつかあることに気づきました。

私はそれを経営者に聞きました。

「手帳に書かれているこの現場の仕事の売上はどうなっているんですか？」

経営者は大いに慌てて答えられずにいました。よくよく聞いてみると、経営者は自らが担当した小さい仕事などをときどき売上に計上せずに抜いていたのです。

恐怖の反面調査とは

税務調査の手法の一つに反面調査があることはお話ししました。

反面調査は、調査対象者の取引の相手先を調べることです。帳票類などから、不審な取引や経費などがあった場合、取引先を調べて、それが真実かどうか確認しています。

取引は相手があることなので、相手側との整合性を調べることで脱税していないかどうかを調べるわけです。

たとえばA社の税務調査をしているとき、B社への不審な業務委託費が計上されていたとします。業務の内容が不明で、支払い額も大きい上に現金払いです。こういう不審な取引がある場合、A社だけの取引内容をいくら調べても、真偽はわかりません。B社の経理内容を見て、実際に入金があるのか、仕事の内容はどんなものか、などを確認しなければ、本当のことはわかりません。それでB社を調査するのです。それが反面調査ということです。

反面調査は、電話や文書で確認するだけの場合もあれば、調査官が取引先に出向いて聞きとり調査する場合もあります。

また税務調査にまったく非協力的な納税者や、帳票類をまったく用意していない納税者に対しては、反面調査を徹底的に行い、営業状態の全容を解明する場合もあります。

この反面調査を大々的にされると、事業者は取引先の信用を失い、大きなダメージを受けます。

そのため、この反面調査にかかわる納税者と税務署のトラブルも、少なくないのです。税務署は、**半ば嫌がらせ**のために反面調査をすることも、ままあります。

事業者にとって反面調査ほど嫌なことはないと思われます。

しかし現在の税務調査において、反面調査を防ぐ方法はありません。判例でも、必要があれば反面調査をしてもいい、ということになっています。

税務調査に入られた場合、**最低でも数件程度の反面調査はあるだろうと覚悟しておいたほうがいい**でしょう。

たとえば、反面調査は次のような経緯で行われます。

私がY建設に税務調査をしたときのことです。

私は帳簿を見ている中で、不審な外注費を発見しました。その外注費は200万円きっかりの額であり、期末のギリギリに支出されているのです。

そして、その外注先の相手はそれまでまったく取引がなく、期末の200万円の外注費だけなのです。その外注費には見積書はなく、簡単な請求書と領収書があるだけです。しかも支払いは現金でされています。

私は経営者に事情を尋ねました。

「この外注費は、どんな仕事だったのですか？」

経営者は、少し慌てた表情になりました。

経営者「ああ、それは、少し工事が遅れそうだったので、同業者に手伝ってもらったのです」

私「この業者とは、ずっと取引がありませんね。このときだけですね」

経営者「ええ。最近、取引はなくなっていたんですが、古い知り合いでして……」

私はこれ以上、代表者に聞いても、本当のことは言わないだろうと思ったので、その日は早めに引き上げました。

そして外注先へ連絡を取りました。しかし、外注先とは連絡がつきません。電話にだれも出ないのです。そこで外注先の税務申告書を取り寄せて、どんな会社か調べてみました。

すると、3年前までは申告がありましたが、それ以降は申告されていません。

倒産した会社や、営業をやめた会社が正規の手続きを取らずに、申告を出さなくなるケースはたくさんあります。この外注先もそういうケースだったのでしょう。

私は翌日、外注先の所在地に直接行ってみました。外注先の事務所になっているところは、普通の民家でした。チャイムを鳴らすと、ずいぶん時間がたってから老婦人が出てきました。

私「○○税務署からちょっとお話を聞きたくて来たんですが、ここは●●工業さんの事務所ですよね？」
老婦人「ああ、以前、主人がここで会社をやっていましたが、今はもうやっておりません」
私「ご主人は、今、なにをされているんですか？」
老婦人「今、体を悪くして入院しています」
私「そうでしたか。会社をやめられたのは、いつごろですか？」
老婦人「3年前です」
私「わかりました。ありがとうございました」

つまりY建設は、倒産同然となっている会社の名義を使って、**架空の外注費を計上**していたのです。もちろん、追徴課税となりました。

架空人件費の見つけ方

脱税の手口として架空人件費というものがあります。

架空人件費というのは読んで字のごとく、本当はいない人員をいるように見せかけ、給料を払ったことにして、経費をふくらませるわけです。

この架空人件費や水増し人件費の脱税は、昔からけっこうあります。

しかし人件費の脱税は、非常に見つかりやすいものだといえます。人件費というのは、税務署から見れば**真偽が確認しやすい**ものだからです。

昔のように社会保険などが整備されていない事業者が多いとき、住所もよくわからない従業員が多いときでは、この方法で脱税が成功することもあったようです。ただし現在では、この方法で**脱税することは不可能**だともいえます。

税務調査で人件費が不審だと思えば、その従業員の氏名を抜き出して市役所に問い合わせればいいのです。

たとえば次のような手順です。私が調査をしたT建設の話です。

T建設では架空の人件費を計上して、脱税していました。建設業というのは、裏金が必要なものです。そこで裏金捻出を兼ねて、実際にはいない人に給料を払っていたことにして、税金を誤魔化していたのです。

T建設では、架空の人件費を給与台帳に載せていましたし、架空の人を載せた職員名簿も用意していました。またタイムカードも架空の人の分まで作り、税務署が来ても、ばれないようにしていました。

人件費を中心に調査をしようと思っていた私は、まず「タイムカードと給料台帳、職員名簿を見せてください」と経営者に言いました。そしてタイムカードと給料台帳、職員名簿を照合してみました。

そしてこのとき、ある不審点に気づきました。タイムカードの押されている時間が、ほとんど一緒のものが4名分あったのです。そして、その4枚のタイムカードだけが、他のタイムカードよりも、新しく見えました。

私はこの4人が架空人件費ではないかと疑い、税務署に戻って市役所に問い合わせました。架空人件費の場合、すぐにわかります。その人が実際に存在するならば、住民税を払っているはずだからです。税務署と市町村の税務課というのは協力関係にあるので、電話一本で問い合わせに答えてくれます。

「そういう人が、住民税を払っている事実はありません」

市の税務課の職員は、私の狙い通りの回答をしてくれました。これでほぼ架空人件費だということが判明したことになります。

翌日、経営者にこのことを追及すると、経営者は架空人件費の脱税を認めました。

という具合に、**架空人件費はけっこう簡単に発覚する**のです。

ただし自分の知り合いなどと結託して、非常勤役員などに名義を借り、源泉徴収等をきちんとやっていれば、見破りにくいケースもあります。

たとえば自分の知り合いに、若干の礼をするから役員として名義だけを貸してくれ、と言っておいて、その人の名義に役員報酬の支払いをし、社会保険も加入し、市民税も源泉徴収して納付しておくのです。

税務署が調べても架空ではないし、その人に問い合わせても口裏を合わせてあるので、脱税はなかなか発覚しにくいということになります。けれど、その人に払う謝礼や、社会保険料、源泉徴収税を考えれば、**あまり割のいいことだとは思えません**が。

また社会保険加入の義務もないアルバイトなどの従業員が多い業種、人の入れ替わりが激しい工事現場などでは、アルバイトの人員を適当に水増しして申告していれば、**発覚しにくい**こともあります。

従業員のタレコミで脱税が発覚することもある

税務署は、税金に関する**密告を大歓迎**している役所です。

密告は昔から税務署の税務調査で大きな役割を果たしてきました。

以前、毎年発表されていた長者番付も実は、市民からの密告のために作られていた制度なのです。どういうことかというと、長者番付に載っていないのに派手な生活をしている人がいたら、市民にちくってもらおうと考えていたわけです。

そして税務署には、実際に密告や内部告発がたびたび寄せられます。

実際、密告や内部告発が、すぐに使える情報ばかりとは限りません。税金に関する密告は嫉妬ややっかみから行われることが多いので、あまりあてにならない情報も多いのです。

密告の中で一番多いのが、**「あの人は脱税しているらしい」**という抽象的な情報です。

そういう抽象的な情報では、税務署は動くことはできません。

しかし、もちろん重要な密告情報もときどきあります。

たとえば私がM税務署にいるとき、こういう密告情報がありました。運送会社のT社の従業員から寄せられたものでした。

「給料の明細よりも少ない金額しか実際にはもらっていない。差額は会社が懐に入れ、脱税しているらしい」

というものです。

それは数年間に渡って続いており、その従業員は嫌気がさして密告する前の月に、会社を辞めているということでした。その密告者は、きちんと自分の連絡先も教えてくれたために、情報としてはかなり確かなものだと思われました。

その情報を統括官からもらった私は、すぐにその密告者のところへ行き、給料明細書のコピーなどを取らせてもらいました。

そして、この会社の税務調査を開始しました。

T社は、食品関係の運送を営んでおり、密告者はトラックの運転手として雇われていた社員でした。

密告者が「自分の名前はなるべく出さないようにしてください」と言っていたので私は通常の調査のふりをして、現金の保管状況、売上管理関係、仕入関係などを調べていました。そして会社の給料台帳と、密告者から入手した資料を照合してみました。

するとやはり、給料台帳に書かれた金額のほうが密告者が実際にもらっている給料よりも多く記載されていました。

私は、経営者に次のように尋ねました。

私「給料は、どういうふうに支払われているんですか？　現金ですか？」
経営者「そうです」
私「では、支払い明細書を見せてもらえますか」
経営者「支払い明細書は作ってないです」
私「そんなことはないでしょう」
経営者「……」
私「ちょっと従業員の方に、聞き取りをさせてもらいます」

そういって私が席を立とうとすると、経営者が「実は……」といって脱税の顛末《てんまつ》を話し始めました。

経営者によると、昨今の不景気のため、従業員に給料が払えなくなったりしないように、給料を水増しして計上し、その分を貯めていたとのことでした。水増しして残した金は経営者の名義の口座に預金されていました。

従業員のために貯めていたとしても、それは税法上、許されることではありません。それに脱税している人は、得てしてそういう言い逃れをするものなのです。当然、T社では、追徴課税を支払うことになりました。

ニセの領収書はこうして見破る

昨今では、パソコンなどの機能で、精巧なコピーができるようになっています。精巧なニセ領収書を作れば、脱税ができるのではないか、と考えている人も多いかと思われます。しかし税務署から見れば、領収書は精巧だろうとそうでなかろうと、あまり関係ありません。

ニセの領収書を作り、それを使って脱税する手口は、実は昔からあったのです。それどころかニセの領収書を売買している闇の業者も存在してきました。ニセの領収書販売業者は、税務署の中では**「B勘屋」**と呼ばれています。そんな隠語が使われるほど、ニセの領収書が脱税によく使われていたのです。

それらの手の込んだ脱税者たちを摘発してきた税務署の調査官たちは当然、パソコンで精巧に作った領収書だからといって、そうやすやすと騙されるものではありません。

調査官は領収書そのものよりも、領収書の背景を見ます。不自然な経費や通常は取引のない業者との突発的な取引など**「この経費はおかしい」**という勘が働くのです。領収書の作りが立派だから本物で、チャチだからニセモノというような単純な判断はしないのです。

もちろん、作りの悪い、いかにもニセの領収書というものがあれば、それも見逃すわけではありません。

調査官たちがニセの領収書をどうやって見破るのか、その方法はさまざまなのですが、たとえば次のような手法があります。

私の同僚が、U建設の税務調査をしたときのことです。

U建設は、外注費や経費を架空に作って、脱税していました。請求書や見積書、領収書を一揃え作って、税務署が調査に来ても不審に思われないようにしていたのです。

ニセ領収書の販売業者

B勘屋の特徴

闇社会で暗躍	・暴力団関係者が行う場合が多い
	・近年ではインターネットでも販売
一般人では買えない	・表看板は掲げていない
	・口コミを中心に販売を行う
幽霊会社の領収書	・倒産状態、休業状態の会社の領収書を発行
	・実印などを使用し、精巧なニセ領収書をつくる
	・額面の５％が販売額の相場

私の同僚の調査官は、当時は調査担当でしたが、前年までは内部事務をしていました。内部事務というのは、会社から提出された申告書をチェックしたり、資料情報を整理する仕事です。

同僚は、外注費や経費に不審な点があるのを見つけました。

見慣れない会社の領収書がたくさんあったのです。同僚は内部事務を長年していたため、税務署管内の会社の名前は、だいたい見覚えがあります。だから管内の中にない会社名の領収書があれば、「おや？」と思うのです。住所は管内なのに、見覚えがない会社……それは架空ではないか、ということです。

しかも、その領収書群の支払いはすべて現

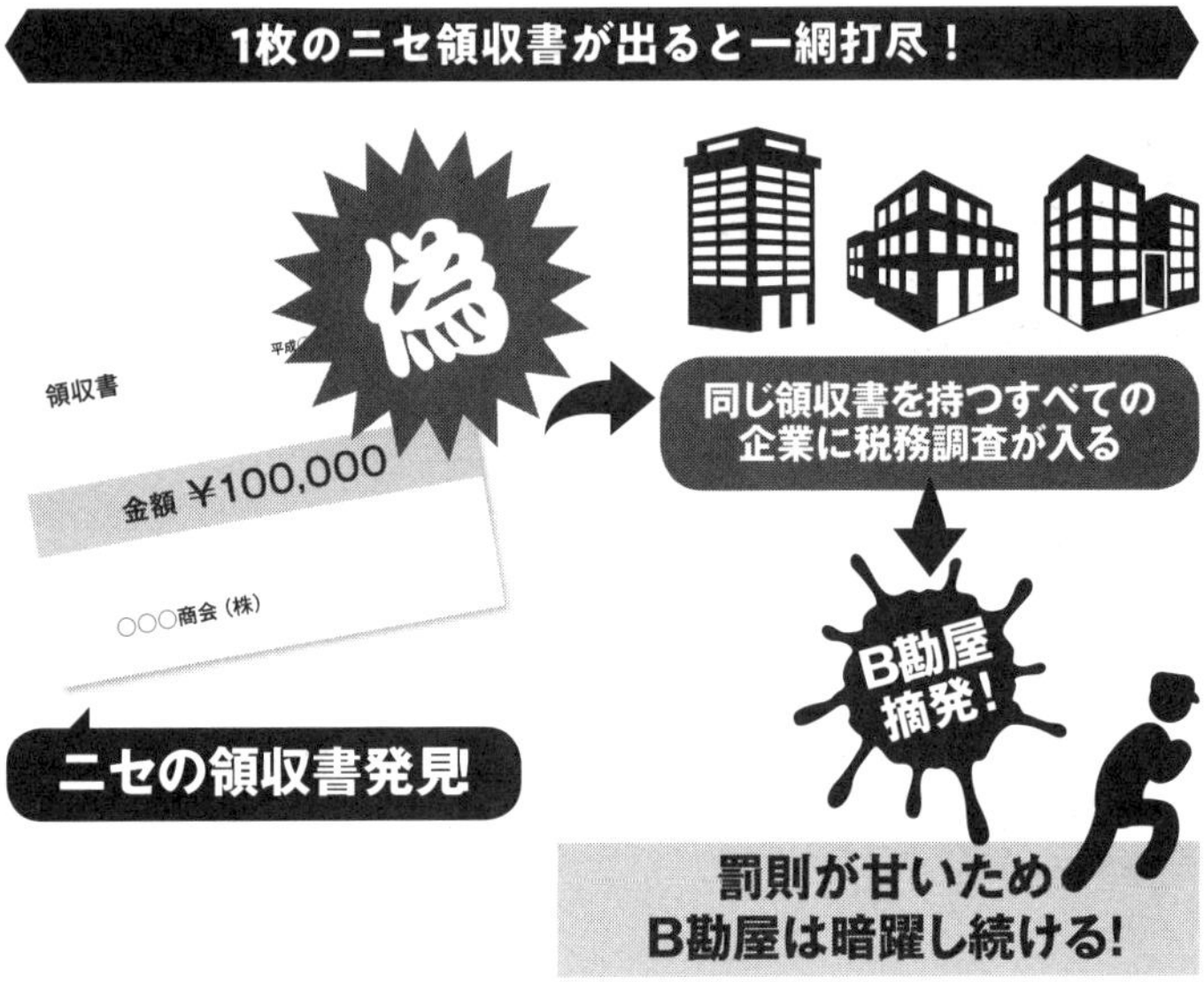
1枚のニセ領収書が出ると一網打尽！
偽
領収書
金額 ¥100,000
○○○商会（株）
ニセの領収書発見!
同じ領収書を持つすべての企業に税務調査が入る
B勘屋摘発!
罰則が甘いため
B勘屋は暗躍し続ける!

金でした。同僚は、さっそく社長に問いただしました。

社長は堂々とこう答えました。

「なにもおかしいものではありませんよ。ちゃんと請求書も領収書もあるでしょう？」

同僚は社長に聞いてもらちが明かないので、税務署に戻り、その不審な領収書の宛先を調べました。すると、やはり、その領収書に記載された会社や事業者は存在しません。

念のため、領収書に記載された連絡先に連絡してみました。もちろん、連絡はつながりませんでした。

翌日、同僚はこの事実を持って、強く社

長に問いただしました。社長も、それ以上は抗弁できず、脱税を認めました。

こういう具合に、ニセの領収書を見つけたりするものなのです。

白紙の領収書に勝手な金額を書いてもバレない？

領収書関係の話をもう一つしましょう。

飲み屋などでは、ときどき白紙の領収書をくれたりします。最近はあまりありませんが、以前はスナックやバーなどでは、「領収書を切ってくれ」と頼むと白紙の領収書をくれるところがよくありました。これは、**脱税をしろ**というようなものです。適当に数字を書けばいいのですから。

この脱税は、**あまり発覚しません**。

でも、この脱税があまり発覚しないのは、見つかりにくいからではありません。金額がそれほど大きくないからなのです。

この脱税は、せいぜい1回につき1万円か2万円です。それを「おかしい」と言って追及したり、先方に確認したりするのは、**税務署としてもあまりしたくない**のです。ですから、よほど金額が大きくない限りは、見過ごしていることが多いのです。

しかし昨今の税収不足のために、税務署もかなり細かいところまで逃さずにチェックするようになっているので、この方法も指導されるケースが増えています。だから白紙の領収書をもらったからといって、調子に乗ってたくさん脱税したりしていると税務署から指摘されることになります。

また白紙の領収書ではなく、普通の**領収書の数字を書き換える**という脱税手法もよく行われています。

この脱税も、わかりやすいのです。

私がY社の税務調査をしたときのことです。

帳簿を見ていると「スナックA」への支払いが期末に30万円もあったのが気になりました。領収書をよく見ると、14万円と16万円のものが期末に2枚ありました。しかも、その数字は、なんとなくぎこちないのです。というより、明らかに14万円の1と4の数字のバランスが悪いのです。つまり、1だけを後から書き加えたのではないかと思われるのです。

こういうことは、下手にジワジワ問い詰めるよりも、単刀直入に言ったほうがこじれないものです。

郵便はがき

料金受取人払郵便

牛込局承認

9410

差出有効期間
2021 年 10月
31 日まで
切手はいりません

1 6 2-8 7 9 0

東京都新宿区矢来町114番地
神楽坂高橋ビル5F

株式会社ビジネス社

愛読者係行

ご住所 〒 TEL: ( ) FAX: ( )			
フリガナ お名前		年齢	性別 男・女
ご職業	メールアドレスまたはFAX メールまたはFAXによる新刊案内をご希望の方は、ご記入下さい。		
お買い上げ日・書店名 年 月 日	市区 町村		書店

ご購読ありがとうございました。今後の出版企画の参考に
致したいと存じますので、ぜひご意見をお聞かせください。

書籍名

お買い求めの動機

1　書店で見て　2　新聞広告（紙名　　　　　　　　　）
3　書評・新刊紹介（掲載紙名　　　　　　　　　　）
4　知人・同僚のすすめ　5　上司・先生のすすめ　6　その他

本書の装幀（カバー），デザインなどに関するご感想

1　洒落ていた　2　めだっていた　3　タイトルがよい
4　まあまあ　5　よくない　6　その他(　　　　　　　　　　　)

本書の定価についてご意見をお聞かせください

1　高い　2　安い　3　手ごろ　4　その他(　　　　　　　　　　　)

本書についてご意見をお聞かせください

どんな出版をご希望ですか（著者、テーマなど）

領収書の金額と日付の書き換え

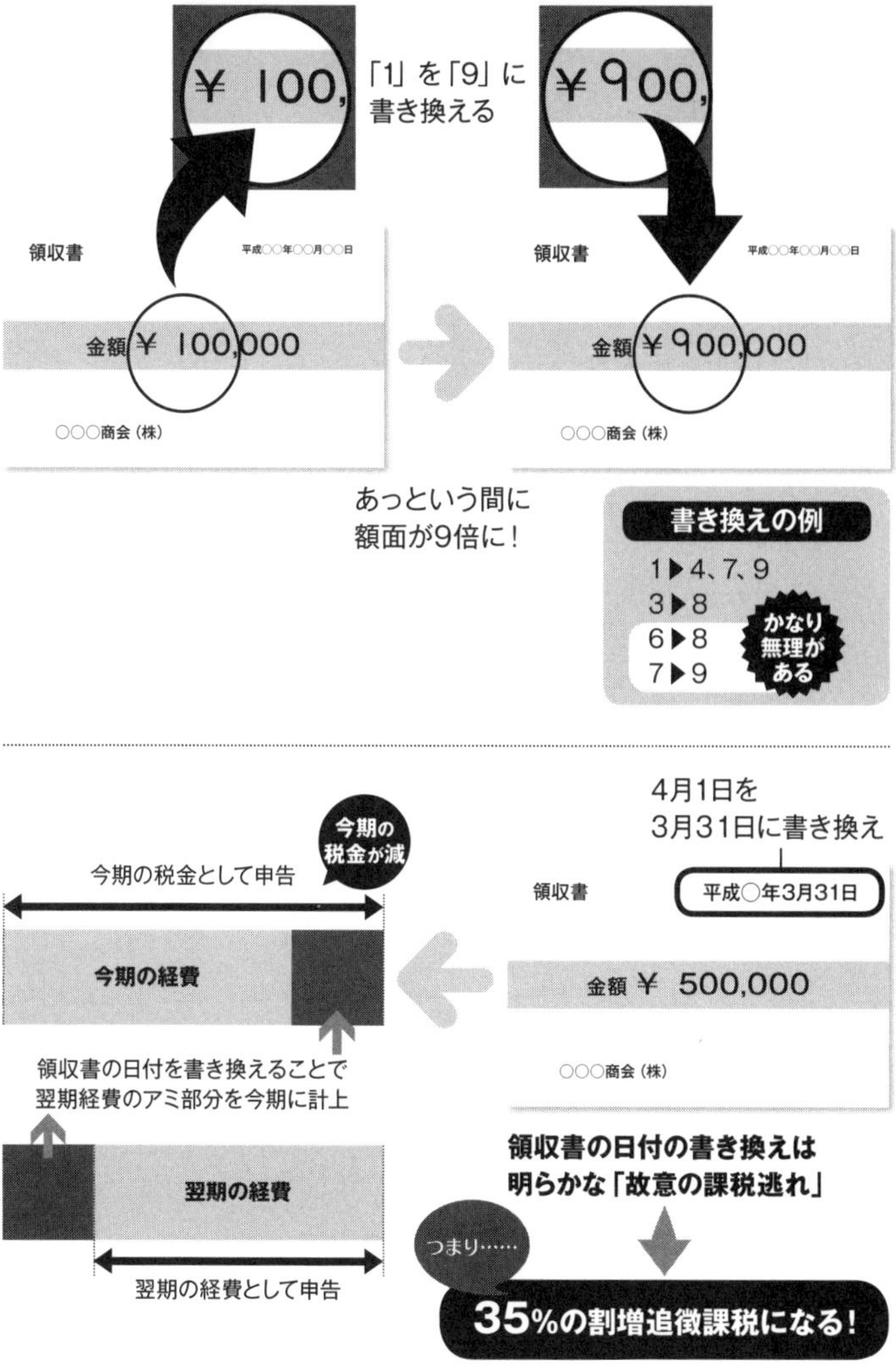
¥ 100,
「1」を「9」に
書き換える
¥ 900,
領収書
平成○○年○○月○○日
金額 ¥ 100,000
○○○商会（株）
領収書
平成○○年○○月○○日
金額 ¥ 900,000
○○○商会（株）
あっという間に
額面が9倍に！
書き換えの例
1▶4、7、9
3▶8
6▶8
7▶9
かなり
無理が
ある
4月1日を
3月31日に書き換え
今期の
税金が減
今期の税金として申告
今期の経費
領収書の日付を書き換えることで
翌期経費のアミ部分を今期に計上
翌期の経費
翌期の経費として申告
領収書
平成○年3月31日
金額 ¥ 500,000
○○○商会（株）
領収書の日付の書き換えは
明らかな「故意の課税逃れ」
つまり……
35%の割増追徴課税になる！

私「社長、スナックAの支払いなんですが、これ社長が書き変えたものでしょう？」
経営者「えっ！」
私「先方に問い合わせるのも野暮なので、スナックAへの支払いは否認しますが、よろしいですね？」
経営者「あ、はい」

経営者は、ちょっと気まずそうな顔をしました。思い当たる節があったのでしょう。経営者はこれ以上突っ込まれるのもバツが悪いし、先方に確認を取られて迷惑をかけてもたまらないので、あっさり観念しました。

案の定、スナックAの領収書は本当は**4万円**と**6万円**だったのです。左端に棒一本を足して**14万円**と**16万円**にしたとのことでした。スナックの支払いで一回10万円超えるのもおかしいいし、期日が連続しているのも、おかしい。

なにより数字のバランスがどうもおかしいのです。経営者としては、うまくごまかしたつもりなんでしょうが、やはり**どこか変に映る**んですよ、調査官から見れば。

領収書の書き損じに気をつけろ

領収書に関する話をもう一つ。

領収書とは売上の記録となるもので、税務署は**重要な帳票**だと考えています。領収書を廃棄して、売上を脱税するケースも多いからです。領収書を書き損じたような場合、そのままゴミ箱に捨てたりして、それが調査官に見つかると、売上を抜いているという疑いをかけられることにもなります。

最近はあまりないようですが、以前は領収書を捨てているのが1枚見つかれば、数万円というような追徴課税の方法をとっていたこともあるようです。

たとえば、こういう具合にです。

仮にM電気という個人商店があったとします。このM電気に、税務調査が入ったときのことです。

調査官は領収書を調べていました。そして領収書の中に、破りとられているものが何枚かありました。

調査官「この破られた領収書はどうしたんですか？」

M「書き損じたので捨てました」

領収書がない場合に必要となる「取引の記録」

必要な記録内容	記録例
① 支払った日	令和○○年○月○日
② 支払った金額	56,000円
③ 支払先	○△商会株式会社
④ 支払った内容	商品Aの搬入運搬費用

費用がわからない場合の算出法

頻度	週に2～3回
地下鉄運賃	A駅～C駅
	400円（往復分）

↓

週に2～3回	週に2.5回
年間出勤日	4週×12カ月=48週

↓

1年間の回数	2.5回×48週=120回
1年間の金額	120回×400円=48,000円

年間交通費
4万8,000円

調査官「領収書は、書き損じたものでも、ちゃんと取っておかないと駄目ですよ」
M「はあ」
調査官「領収書を捨てるということは、売上を誤魔化していると見られてもしょうがないんですよ」
M「え、そんな」

結局、調査官の口車にうまく乗せられ、**破り捨てた領収書1枚あたり3万円の追徴課税**を取られることになったのです。

なので領収書を書き損じたような場合は、それを捨てたりしないで、領収書にバッテンをつけて、そのまま保管しておくことにしましょう。

飲食店の抜き打ち調査はこうして行われる

前述したように、現金商売者などに対しては抜き打ちの調査が行われます。そして抜き打ち調査では、「現況調査」、通称**「ガサ入れ」**と呼ばれる調査手法をとります。

「ガサ入れ」とは、その名の通り、事業所の内部をくまなく調べることです。マルサの小型版のようなものです（でも、マルサのような強制調査の許可は持っていませんので、あくまで納税者の同意のもとに行われます)。

この「ガサ入れ」は、通常3人以上のチームを組んで行われます。ガサ入れをするときは、納税者が大事なものを隠さないように見張ったり、さまざまな場所をすばやく同時に調べなければならないので、一人では無理なのです。

税務署のヒラの調査官でも、年間に数件はこのガサ入れ調査を行います。調査官にとって、**ガサ入れ調査は力の発揮どころ**でもあります。ガサ入れ調査が、もっとも脱税額(不正額)が多く見込まれるからです。

では、ガサ入れ調査がどのように行われるか、具体的にご紹介していきましょう。

私がB税務署の法人税担当部門にいたとき、寿司店Mをガサ入れした話です。

寿司店Mは20年ちかく営業をしている老舗といってもいいほどの店で、今もなかなかの盛況です。過去に数回、税務調査が行われて、そのたびに不正が発見されていました。現金商売者では、何回摘発されても**不正を繰り返す者がけっこう多い**のです。

このときの調査チームは5人編成でした。

上席調査官(ある一定以上の経験年数のある調査官)がチーフとなり、調査官4人がガサ入れ実行、見張り、ゴミ収集担当などの分担をしていました。この編成は、税務署レベルの調査では普通だといえます。

ガサ入れ調査をする前に、まず事前に**内偵調査**を行います。内偵調査というのは前述しましたが、調査官が客を装って店に入り、店内の状況を確認するものです。そのときに注文した伝票に印などをつけておきます。後日、調査で店に入ったときに、その印がついた伝票が保管されていなければ、その店は伝票を破棄していることになります。伝票を破棄しているということは、その伝票分の売上を抜いていることになります。

もし伝票を破棄していることがわかれば、「何月何日の何時に、こういう注文があったはずだ。その伝票はどこにやった？」といって経営者を追及できます。だから、内偵調査のときに伝票に印をつけておくことは**重要な「仕掛け」**なのです。

この内偵調査は、かなり費用がかかります。特に寿司店などでは、かなりの飲食代がかかります。基本的には調査費は税務署から出ますが、調査担当者が自前で行くこともあります。この調査のときは、チーフの上席調査官が「家族で会食」を装って内定調査をしていました。家族にとっては無料で寿司を食べられるからうれしいものですが、上席調査官にとっては仕事です。

ガサ入れ調査は事前にどれだけ準備ができたかで、結果が決まるとも言われています。

事前に準備していなければ、実地調査の当日に代表者が捕まらずに調査が開始できない、などということになりかねません。だから代表者の当日の予定や週間の予定なども、あらかじめ調べておかなければならないのです。また、調査対象者のゴミ収集日などもチェックしなければなりません。ゴミ収集日の翌日に調査に入ってしまえば、貴重な情報源であるゴミがなくなっているからです。

そういう事前準備を終えたのち、いざ出陣となるわけです。

その日の朝、調査チームは店の前のあらかじめ見つけていた場所に車を止め、待機していました。

そして予定通り9時ごろ、寿司屋の社長が高級車に乗ってやってきました。

調査チームは一斉に車から飛び出し、まずチーフが社長にこう言います。

「B税務署ですが、今から法人税の調査をさせていただきたい」

社長は一瞬当惑した表情を見せましたが、もう何回も調査を受けているので慣れているらしく、「わかりました。どうぞお入りください」と答えました。

ガサ入れは、証拠品を隠すなどをさせないために、店の中の人の動きを厳重に監視しておかなくてはなりません。特に経営者やその妻、経理担当者などの動きは、しっかり見張っていなくてはなりません。見張りをしつつ、事務所内の書類などを漁りまくるのです。

チーフの上席調査官を含めた3人の主力部隊は、まず社長の周辺を洗うことになっていました。この店の2階に住居があり、そこにときどき社長が泊り込んでいるので、まず、その住居を徹底的に調べるのです。

しかし社長の住居周辺には、これといった脱税の証拠はありませんでした。

開店時間の11時までには、調査を終わらせなくてはならないので、調査官たちはだんだん焦ってきます。税務調査は、事業の邪魔をしてはならないことになっているので、よほどのことがない限り営業時間前までには引き上げるのです（重大な不正が見つかったような場合は別ですが）。

そのうちゴミ収集を担当していた調査官が、ゴミの中から伝票を見つけました。ゴミの中から伝票が見つかれば、しめたものです。先ほども言いましたように、伝票を捨てていれば、その**伝票の分の売上を除外した可能性が高い**からです。

捨てられた伝票は、十数枚ありました。そして案の定、それらの伝票は売上に計上されていませんでした。そこで、めでたく「脱税発覚」となったわけです。

だいたいこれがオーソドックスな「ガサ入れ」の例だといえます。

全国の取引を監視する国税の情報網

「領収書を切る取引は隠せない」

税務の世界ではよくこんなことが言われます。

しかし、なぜ領収書を切った取引は隠せないのか、不思議ではありませんか？

領収書は別に税務署に提出するわけではありません。なのに、なぜ領収書を切った売上は隠せないのか？

その答えは、税務署の情報網にあります。

調査官たちは税務調査で、調査先の課税漏れを探すこととともに、情報収集にもいそしんでいます。具体的にいえば、調査先の持っている領収書を片っ端からコピーしまくっているのです。その領収書は、資料化され各地の税務署に流されます。だから、あなたが切った領収書が、どこかで税務署の手に渡っているかもしれないのです。

また税務署の情報網は、全国的につながっています。日本全国の調査官が集めた情報は、いったん国税庁で集計され、整理されてから全国の税務署に流されます。

だから遠隔地の取引だから、地元の税務署にはバレないだろうと思ったら、大間違いなのです。**「隠した取引が発見される割合」**というのは、遠隔地でも近隣地でもほとんど変わらないのです。

たとえば、次のような構図となります。

仮に機械製造業を営んでいるK社という企業があったとします。K社では、通常は地元の東京での取引がほとんどでした。が、あるとき北海道のB社から注文が入りました。

K社では、北海道に売ったものは税務署にはわからないだろうと思い、その売上を抜いていました。

しばらくして北海道のB社に、税務調査が入りました。そのとき北海道の税務署は、B社がK社から機械を購入したという情報をつかみました。その情報は、すぐに東京の税務署に送られました。

東京の税務署ではK社の税務調査の際、当然、その情報を持っていきます。K社の調査に行った調査官は、B社に対する売上が計上されていないことに、すぐに気づきます。こうしてK社の売上除外は、**あっけなく発覚**してしまうのです。

儲かっている業界は狙い撃ちにされる

税務署の仕事をしていると、「人間というものは、けっこう単純な生き物である」ということがわかります。

好況な業種では、間違いなく脱税が多いのです。

「儲かっている業種の人が脱税をしている」

なんとわかりやすい図式でしょう。でも、それが現実なのです。これはデータ的に、明確に言えることなのです。

もちろん好況な業種は、重点的に調査されます。

国税は常日頃から、どういう業種、どういう業界が好況なのか目を光らせています。そして好況な業界を指定して重点的に調査をするように、国税庁から各国税局、税務署に指示が出されるのです。

台風の多い年であれば住宅修理関係の事業者、ゲーム機がブームになればゲーム関係業者などという具合です。

たとえば、こういう構図です。

健康茶などの健康食品を販売しているH社という会社があったとします。ある年、テレビで健康茶が紹介され、大ブームが起きました。そのためH社はかつてないほどの活況となりました。売上は例年の3倍もありました。

H社では健康茶ブームで得た利益を少しでも残そうと、かなり無茶な経理処理をしていました。売上を抜いたり、架空の経費をガンガン計上したり。

H社では、今まで5年に一度くらいしか税務調査は入っておらず、次の税務調査にはまだかなり間があるはずだったのです。

しかし健康茶ブームの翌年、突然、税務調査が入りました。H社では税務調査はまだ来ないと思っていたので、ほとんど**無防備状態**でした。

H社はその税務調査で、健康茶ブームで得た利益を根こそぎ追徴税として持っていかれてしまいました。

「魔が差す脱税」とは

脱税の世界には**「魔が差す脱税」**というものがあります。

普段は真面目に申告をしている納税者が、税務署に見つかりにくい取引をしたときなど脱税がしやすい状態に置かれたときに突発的に脱税をしてしまうのです。

たとえば、よくあるのが機械などの固定資産を買い替えたとき、下取りに出した機械の売却益を隠す、というものです。機械などを下取りに出したとき、売却益が生じることが多々ありますが、**「これは税務署に見つからないだろう」**と思って申告から除外してしまうのです。

しかし、残念ながら税務署はそういう納税者の心理を熟知しており、そういう分野にも目を光らせているのです。どう目を光らせているかというと、機械納入業者や中古業者などで資料収集をしているのです。中古の機械を下取りした場合、その代金の行方をしっかり把握しているのです。

たとえば、こういう具合です。

仮に食品製造業のW社という企業があったとします。W社は機械を買い換える際に、納入業者Fに古い機械を下取りしてもらうことになりました。下取り代金は80万円で、現金で社長が受け取りました。社長は、「この金は普通の売上とは違うから、税務署もわからないだろう」と思って会社の収入には計上せずに、自分のポケットに入れてしまっていました。

しかし税務署は機械の納入業者に関して、定期的に情報を収集していました。当然、W社の中古機械を下取りして現金を渡したという情報もつかんでいましたし、それは資料化され、管轄の税務署に流されていました。

W社の管轄の税務署では、その資料を受けて、W社の申告書をチェックしました。するとW社は、機械の除却損が計上されているだけで、下取りされた際の収入は計上されていません。

さっそくW社に税務調査が行われました。W社は本業では、脱税などをまったくしておらず、これまで税務署から指摘を受けたこともありません。が、中古機械の売却代金の除外も、れっきとして脱税行為なので厳しく指導され、きっちり追徴税を課されました。

また機械の売却代金を除外するケースとよく似た脱税手法で、**「副業の収入を除外する」**というものがあります。

企業では、本業のほかに関連する副業を営んでいることがあります。そして副業の収入は脱税してもわからないのではないか、という考えが働くようで、副業収入を除外されることがたびたびあるのです。しかし税務署はその点も熟知しており、各企業に対して、本業以外に副収入がないかどうかなどを詳細に調べます。

たとえば自動車修理業などでは、本業のほかに顧客に新車の斡旋などをして、ディーラーからお金をもらったりしています。そのお金を隠してしまうのです。

しかし税務署もそのことは重々承知しており、ときどきディーラーなどに出向いて、斡旋報酬の情報を収集したりしています。だから斡旋手数料を除外していれば、いずれ税務署が気づいて脱税発覚ということになるのです。

帳票類が不備なら概算で課税されることもある

事業者によっては、帳簿や領収書類をまったく残していない場合もあります。そういう場合は、事業者の資産や取引状況などから、所得を推計し、税金を課すことになります。

これを**「推計課税」**といいます。

経理関係の証拠をまったく残していない人には、その人の所得を推測して課税するということです。

たとえば、私の調査官時代こういうことがありました。

美容院のM社に税務調査を行ったときのことです。

M社は会社とは名ばかりで、ごく普通の個人規模の美容院でした。M社では記帳等をまったくしておらず、経費の領収書もとっていませんでした。

代表者は、**自分のようなところに税務署が入るとは考えていなかった**ので、毎年適当に申告していたのです。

M社は規模が小さいながら、けっこう客の入りもいいという評判があり、これまで税務調査をしてなかったことから、税務調査先として選定されたのです。

ある日の開店前、私は同僚3名とともにM社に税務調査を行いました。美容室は現金商売なので、抜き打ちガサ入れ調査です。

調査が始まるなり、代表者はこう言いました。

「うちは、帳簿をまったくつけていないんです。領収書も残していません。見せるものはなにもありませんので帰ってください」

もちろん、それで帰る税務署ではありません。

私たちは、店の客の入り具合などを調べました。また代表者の預金関係なども、周囲の銀行をくまなく回って確認し、近辺の美容院の経理状況なども調べていたのです。
後日、代表者を税務署に呼び出しました。

税務署「あなたの資産関係や、店の状況などを調べたところ、あなたの本当の所得はこの程度あると、私たちは考えています」

代表者「え？　そんなに儲かってないです」

私たちは代表者に**所得の算出根拠**を書いた書類を見せました。結局、M社では300万円もの追徴税を課せられました。

最近はあまりありませんが、昔はこういう事業者はよくいたのです。

またこの「推計課税」は、税務調査をまったくさせてくれない、税務署に非協力的な事業者に対しても行われることがあります。以前、オウム真理教の関係するパソコン販売店に税務調査が入ったとき、販売店側は帳簿類を見せないなどまったく非協力的だったので、同業者や客の入り、資産状況などから推計課税されたことがあります。

税務調査未経験の会社は狙い目

一定の規模の事業者は、だいたい数年おきに税務調査があると述べましたが、事業を開始したばかりの事業者は、その通りではありません。事業開始してからしばらくは税務調査は行われないのが普通です。

しかし、それは税務署がその事業者のことを相手にしていないわけではありません。税務調査をまだ経験していない事業者や会社というのは、税務署にとって**美味しい鴨**でもあります。

新規の事業者というのは、毎日雑草のように生じてきます。しかし、その中で軌道に乗る事業者というのは、ほんの一部です。ですから税務署は、ほんの一部の事業者が**無事に軌道に乗ってくるのを待っている**のです。ちょうど牛や豚の肉の脂が乗って食べごろになるのを待っているようなものです。

新規事業者は税務調査に慣れていませんし、経理的にも不備が多いので、課税漏れが見つかる可能性が高いのです。

私も税務調査時代、申告是認（追徴課税が一銭もないこと）が続いたら、新規事業者を税務調査先に選んだものです。調査官から見れば、**新規事業者は追徴課税が稼ぎやすい**からです。

たとえば、私がK工務店という新規事業者に税務調査を行ったときのことです。

K工務店は建設業で、設立して5年目。まだ税務調査は一度も受けたことがありません。しかも税理士も入っていません。そういう会社は税務署にとって、おいしい場合が多いのです。**税理士が入っていないため経理が甘い**というのと、**税務署の調査の怖さを知らない**ために、無茶な脱税工作などをしていることが多いのです。

新規に事業を始めるというのは、大変なことです。新規事業者、新規設立会社のほとんどは2、3年ももたないでつぶれてしまいます。事業が軌道にのる新規企業というのは、ほんのわずかなのです。

そして軌道に乗った会社に初めておとずれる試練が、税務調査だといえるでしょう。軌道に乗って浮かれた社長というのは財布のヒモも甘くなり、いろんなことへの警戒心もゆるんできます。

K工務店も、案の定でした。K工務店では、税理士に依頼していない代わりに知り合いのおばちゃんに経理を任せており、そのおばちゃんの経理自体がずさんでした。その上、小口の収入を隠すという不正らしきものもいくつか見られました。

私は、それまでの「申告是認」の不名誉を、K工務店での調査で一気に挽回することができました。

こういう具合に、**税務署は新規事業者を狙っています**。軌道に乗ってきた新規事業者の人は、ぜひ気をつけてください。

銀行預金は税務署に筒抜け

税務署が情報収集するとき、もっとも重要視しているのが金融機関です。

金融取引には、脱税情報が詰まっています。脱税をするにも、脱税で得たお金を隠すにも、金融機関が利用されることが多いのです。

なので、税務署は金融機関に頻繁に情報収集に行きます。

しかも金融機関は、税務署にとって御しやすい相手でもあります。

金融機関は、官庁の厳しい監督下にあります。もし法的におかしいことをしたりすれば、即業務停止になります。つまり、金融機関は官庁に弱いのです。

だから金融機関は、官庁の言うことを非常に素直に聞きます。税務署が調査をしたいと言えば、金融機関はいつでもにこやかに応じざるを得ないのです。

税務署は**「調査依頼書」**という紙切れ一枚で、自在に金融機関の中の情報を調査することができます。調査依頼書も裁判所の許可などは必要なく、税務署で独自に発行できます。しかも、これは税務署長の決裁なども必要なく、現場の調査官が事実上、自由に発行できるのです。つまり、税務署はいつでも自由に金融機関を調査することができるのです。

もちろん金融機関としては、本音では迷惑な話です。

税務署が調査に来ると、余計な手間を取られます。また金融機関の内部情報を見られるわけですから、気持ちのいいものではありません。しかも、顧客にとって不利なことが発覚するかもしれないのです。

金融機関での情報収集、いわゆる銀行調査では、まず税務署の調査官が銀行に対して「●●氏の預金状況を調べたい」という旨を文書などで伝えます。そして銀行が文書で回答する場合と、調査官が銀行に直接行って調べる場合があります。調査官に時間がないときは銀行に調べさせ、調査官に時間があるときは自分で銀行に出向いてじっくり調べるということです。

なにしろ銀行は、税務署の要請に対して必ず答えなければならないのですから、文句のつけようがありません。

ただ銀行は、ただ呆然と得意先の預金を調べられるのでは、得意先に対する信用を失いますので、税務署の調査対象となった人に「税務署の調査があった」と通告するようです。

銀行調査で脱税が見つかる構図というのは、たとえばこんな感じです。

仮にSという小さなうどん店があったとします。S店では、毎日の売上を少しずつ抜いて銀行に預金していました。

このSには数年前に税務調査が入りましたが、そのときはほとんど追徴課税はとられませんでした。

Sでは伝票も切らずに商売をしていたので、税務署は脱税の証拠をつかめなかったのです。

そのため税務署は、次の調査でがっぽり追徴税を稼ごうと、S店の資産関係を徹底的に調べていました。

脱税して得た資産のことを、税務署の隠語で**「たまり」**といいます。この「たまり」を見つければ、脱税の疑いは濃いことになります。

税務署はS店や店主の自宅近辺の金融機関をくまなく回って、資産の全貌《ぜんよう》を把握しようとしました。

そして税務署は店主の自宅近くにあるF銀行に、多額の預金があるのを把握しました。F銀行には、ほぼ毎日のようにS店から数万円ずつ預金されており、残高は4000万円以上ありました。

S店の店主は申告書上では、毎年400万円程度の所得しかありません。400万円の所得では、家族でやっと食っていける程度です。4000万円の預金というのは、大きすぎます。この状況から言って、毎日、売上から抜いていることは間違いありません。

税務署はこの事実を元に店主を追及し、脱税の事実を認めさせ、**1500万円の追徴税**を課しました。

架空口座を見つける「横目」とは？

前項では、脱税は銀行預金からバレるということをご紹介しました。が、脱税者の中にはそれを知っているものも多数います。そんな彼らは、脱税マネーを普通に預金口座に預けるようなことはしません。**架空口座**などを使って、ばれないような工作をするのです。

架空口座（仮名口座）というのは、実際の持ち主とは違う名義や存在しない人の名義を使った銀行口座のことです。

事業を行っている人や会社は、その事業で使っている預金口座を税務署に公表しなければなりません。つまり税務署が公表口座を調べれば、その事業で得られた収入や支出の状況が一目瞭然《いちもくりょうぜん》となる仕組みになっているわけです。

しかし税務署に収入が全部知られたら困る脱税者は、非公表の預金口座を持つことになります。非公表の口座は、本人名義のものや家族名義、親戚名義などの場合もあります。

また、さらに見つかりにくいように、赤の他人や架空の人物の口座、いわゆる架空口座を使うわけです。架空口座は、インターネットなどで入手できるために、脱税やオレオレ詐欺（振り込め詐欺）などにも使われるようになりました。

税務署はもちろん、これらの仮名口座、架空口座を見つけるために躍起《やっき》になっています。

まず銀行そのものにも仮名口座、架空口座が作れないように、本人確認の徹底などを義務づけています。また最近では、自分の口座を他人に売買すること自体が違法となったために、架空口座は非常に作りにくくなっているといえます。

また税務署には架空口座を見つけるため、**「横目」と言われる特殊な調査手法**があります。

「横目」とは、銀行で調査をしている際、ある会社を調べているふりをして、別の会社の口座を調べたり、銀行全体の中におかしな預金口座がないかを調べることです。

なぜそんな手法を取るのかというと、銀行では漠然とした税務調査は認めてくれません。明確に「●●社の預金口座を見たい」と言わないと、銀行は閲覧を許可しないのです。いくら税務署といえども、脱税とは何の関係もない預金者の口座を自由に閲覧することはできないようになっているのです。

しかし税務署としては、預金者の口座を自由に見たいのです。そのためにダミーのターゲットを作って、その**ダミーを調査するふりをして、横目で架空口座探し**をするのです。それで「横目」という言葉が使われるようになったのです。

架空口座を見つけるというのは、大変です。そもそも「架空」ですから、名義は見当がつきません。どんな名義を使って架空口座を作っているかわからないので、名義から検索しても架空口座は発見できないのです。そこで銀行内の預金口座を漠然とながめ、おかしな取引がある口座をピックアップするのです。それが「横目」なのです。

横目は次のような手順で行われます。

まず架空口座などの資料収集を担当する調査官が、銀行に赴きます。銀行では、調査官は店の隅で仕事をしている銀行員に声をかけます。

「ちょっと、失礼します。○○税務署から来ました」

それだけで銀行員は用件をほぼ理解し、他の客にわからないように別室に案内してくれます。

別室に通された調査官は、銀行員にこう伝えます。

「K社の取引状況を調査にきました。過去2年分の振替伝票、預金口座を記録されたマイクロフィルムをお願いします」

K社というのは、ダミーです。先ほど言いましたようにK社の預金関係を調べるフリをして、その銀行内の取引記録を大局的に調べるのです。

そこで**架空口座なども見つける**わけです。

しばらくすると、女性行員がコーヒーなどとともに、頼んでいた資料を持ってきてくれます。

調査官は、女性行員が持ってきたマイクロフィルムなどを漠然とながめ、おかしい取引はないかチェックします。銀行の取引記録は、だいたいマイクロフィルムになっているのです。そのマイクロフィルムの中で、**個人名義なのにいろいろな会社からの入金がある口座、多額の入金があり毎月定期的に引き出されている口座**などをピックアップするのです。

個人名義の口座というのは、普通は、あまり会社などからの振り込みはありません。せいぜい勤務先からの給料振込くらいです。だから、いろんな会社から振込がある個人名義口座というのは、**ちょっと不自然**なわけです（個人事業をやっている場合は、不自然ではありませんが）。また多額の入金があり、毎月定期的に引き出される口座というのは、脱税用の口座として**ありがち**なのです。

そういう口座をピックアップして資料化し、税務調査に役立てるわけです。

という具合に、架空口座だから税務署に見つからない、というわけではないのです。

世間話をすれば脱税がばれる？

税務署に関して、こういう都市伝説もあります。税務調査のときに、調査官と世間話をすると、脱税の証拠をつかまれるというものです。

だから、市販の税務調査対策本などには、税務調査の最中は、うっかり世間話などをしてはならない、ここで軽はずみなことを話すと、調査官に脱税を見破られるなどと書かれているものもあります。

この都市伝説も税務署に対する恐怖の産物だといえます。

確かに税務調査で世間話がヒントになることがないでもありませんが、まあ**100件に**

一度くらいのものでしょう。

世間話に応じようが応じまいが、調査官は必ず税務に関する質問をするのだし、納税者はそれに答える義務があるのです。ですから、見破られるときは見破られるのです。

それよりも税務調査では、**調査官といかに上手に付き合うか**のほうが重要なポイントだと私は思います。世間話もしないようでは、調査官との信頼関係は築けません。調査官と信頼関係が築けなければ、もし追徴税が課されたときの交渉などもスムーズにいきません。

どんな場合でも人間関係は険悪になるより、穏便になったほうがいいのです。それは、税務調査でも同じです。

だから世間話に応じない、などという**心の狭い対応はやめたほうがいい**と私は思います。

税務署は秘密のデータファイルを持っている？

税務署にまつわる都市伝説にこんなものがあります。

税務署は**「秘密のデータファイル」**を持っていて、そのファイルには各業種の詳細な所得率が記載されている。そのデータさえあれば、所得を誤魔化している業者は一目瞭然でわかってしまう、というものです。

この都市伝説は真実なのでしょうか？

答えは**「8割は嘘」**というところです。

確かに税務署のデータには各業界の所得率がわかる「所得率表」というものがあります。

しかし脱税が一目瞭然にわかってしまうというのは、税務署を買いかぶりすぎだといわざるをえません。

「所得率表」は秘密ファイルなどという大そうなものではありません。納税者の申告状況の分析は税務署の仕事の一つですから、各業種の所得率を算出する作業は当然行われています。だから、それを表にした「所得率表」を作っていたとしても、全然、不思議ではないはずです。

しかし、その所得率表を使えば脱税がすべてわかるほど、**税の世界は甘くはない**のです。

そもそも「所得」というのは、事業者にとってみれば「利益」とほとんど同じであり、所得率というのは利益率と似たようなものなのです。つまり所得率表は、「業界別の利益率表」と同じようなものなのです。「業界別の利益率」なんて経済誌の記事に出ているものなので、「特別に珍しいもの」「貴重なもの」ではないのです。

都市伝説では、「税務署は各業種の所得率を知っているので、脱税をすれば所得率がおかしくなり、脱税が発覚する」ということになっています。しかし所得率というのは、それほどあてになるものではありません。

なぜなら同じ業種でも、利益率が高い企業、低い企業はあって当然でしょう？

同じ業者といえども、経営形態はまったく違います。

薄利多売のものもいれば、少量の品を高利で販売しているものもいる。人をたくさん雇って人件費の割合が高い業者もいれば、少人数で大規模な商いを行っている業者もいます。

今の税務署では「お前の企業は、同業者より利益率が低いから脱税しているだろう！」などと乱暴なことは言いません。

ただ昔、所得率表を使って、推計課税というものを行っていたことはありました。

所得率表は、「標準率表」「効率表」などとも呼ばれ、業種や店の規模により、売上と所得の基準が設定されていたのです。この基準より納税額が多ければＯＫ、**少なければ指導の対象となる、**というわけです。

昔は、中小事業者のほとんどが帳簿などを完備しておらず、どんぶり勘定で税務申告していました。その際に、あまりに申告所得が低い場合は所得率表を使って、「あなたの業界ではこれくらいの利益率があるのだから、これくらい所得がないとおかしい」と追徴課税することもあったのです。確かにその時代は、所得率表は大いに活躍していましたし、納税者にとっては誤魔化しを見抜く閻魔帳《えんまちょう》のようなものだったでしょう。

しかし、今はほとんどの事業者が一応の帳票類を完備していますので、所得率表を活用する場面は、それほど多くはないのです。せいぜい参考資料にするくらいなのです。

もし所得率表を持ってきて「あなたは脱税しているでしょう！」などと言う調査官がいれば、それは**相当なイカサマ野郎**なので、くれぐれも口車に乗らないようにしてください。

第4章

税務署員に騙されるな！

優しい口調に騙されるな！

最近の調査官は、とても紳士的になっています。

マスコミの発達などで税務署といえども、**やりたい放題はできなくなった**のです。下手なことをすれば、撮影されてネットに流されたりしますからね。

昔の調査官はひどかったのです。

納税者宅に行くなり、「税金をちゃんと払え」と大声で怒鳴りつけて、帳簿も見ないで追徴税をしぼり取ってくるような人もいました。

それに比べれば、今の調査官は優しいものです。大声をあげる人など、ほとんどいませんからね。

しかし調査官の態度が優しくなったと言っても、騙されてはいけません。

彼らがあなたのところに来るのは、少しでも追徴税が欲しいからなのです。ついこの間も税務署の後輩と会いましたが、税務署内では今も追徴税のノルマがあり、調査官はみなノルマに追われているとのことです。むしろ、昔よりももっとノルマは厳しくなっているようです。

態度が優しくなったからといって、彼らの目的は変わっていないのだから、油断はできません。

何度も触れましたが、税金にはグレーゾーンがたくさんあります。グレーゾーンでもめたとき、調査官は**うまく口車に乗せよう**としてきます。

たとえば、あなたが友人とゴルフに行ったとき、それが接待交際費になるかどうかは、微妙なところです。仕事に全然関係ないことはないので、納税者が接待交際費に計上しているのであれば、認めなくてはなりません。税務署は、それが明らかに誤っているという証拠を見つけたときに否認できるのです。

調査官はもちろん、そんな証拠などはつかめません。

すると、どうするか？

やんわりとした口調で、言いくるめにかかるのです。

「こういういい加減な経理をしていたら、あなたの会社の将来のためによくないと思うのですよ」

こういうことを言います。

しかし調査官がなぜこんなことを言うのかというと、否認する証拠がつかめない、相手を説得しなければ追徴税が取れない、そういうことなのです。

つまり、証拠がないから**自白に頼ろう**というわけです。

こんな口車に乗ってはなりません。

あなたが接待交際費と思って計上したのであれば、それは原則として認められるべきなのです。調査官がそれを否認するだけの材料を持っていないのであれば、絶対に否認できないのです。

調査官の言い草に、後ろめたい気持ちなど持ってはなりません。彼らは社会正義でもなんでもない、ただのノルマに追われている税金取りに過ぎないのですから。

市民の「お上意識」を利用する

日本人というのは、指導者などにとても従順な民族です。昔から、政治家やお役人にあまり楯ついたりしてきませんでした。権力者を倒すための市民による武力革命って、起こったためしがありませんからね。

日本人は、お役人は間違ったことを言わない、お役人の言うことは聞かなくてはならないと思っている節があります。

特に税務署の調査官などは税金のプロなので、彼らの言うことには必ず従わなくてはならないと思っている人もいます。

調査官はその心理を上手に利用して、追徴税を稼ごうとします。

何度か述べましたが、税務の世界ではグレーなものがたくさんあります。課税になるかならないか、経費として認められるか認められないか、明確な線引きがされていないものが多いのです。また個別の事情によって、線引きは変わってくることもあります。つまり**税務には微妙なものが多い**のです。

そういう微妙なものに関して裁定を下すのは、実は調査官ではないのです。法律的に言えば、**納税者が自分で判断していい**のです。そして調査官は、明らかに間違っているものだけを修正できるのです。

調査官がグレーゾーンに関して、「これはＯＫ」「これはダメ」などと判断する権利はないのです。しかし調査官は、あたかもその権利を握っているかのように納税者にふるまいます。

たとえば、よくあるケースで、こんなものがあります。

とある会社で、ゴルフ代を会社の経費で認めるかどうかで、調査官が追及しています。

「社長！　このゴルフ代はだれと行ったんですか」

と調査官が社長に聞きました。

「以前から取引のあるYさんと行きました」

社長が答えます。すると、調査官はこう聞き返しました。

「Yさんとは今も取引があるんですか？」

「最近はあまりないです」

と社長は答えました。

それを聞いた調査官は、こう言いました。

「Yさんは取引先じゃなくて、普通の友人でしょう？　友人と一緒にゴルフに行ったんでしょう？　これは会社の経費とは認められませんね」


こういうやりとりは、税務調査の中では普通にあります。でも、これは明らかに**法的にはおかしい**のです。

というのも、交際費（会社の経費）に該当するかどうかの判断を、調査官がする権利などはないのです。

交際費は、非常に線引きが難しいものです。どこからが会社の交際費でどこからがプライベートの費用なのか、なかなか判別がつきません。

その場合、まず**納税者の申告が尊重される**のです。そして、それが明らかに誤りであるというときに、調査官は否認することができるのです。このケースだと、明らかに誤りがあるとはいえません。

もし納税者が異議申し立てをしたり、行政裁判を起こせば、税務署は負けるでしょう。

調査官が、「これは友人と行ったものなので、会社の経費ではおかしいのではないですか？」と社長に問いかけ、社長がそれに納得すれば、否認することもできます。でも、あたかも最初から調査官に判断できる権利があるかのごとく**「これはダメです」**などということはできないのです。

法的には納税者の申告が尊重されなければいけない

一個の矛盾を徹底的についてくる

調査官の手口の一つに、一個だけ矛盾点を見つけ、そこから全体を突き崩すという方法があります。

これは簡単にいえば、申告書や経理に一つでも間違いがあれば、「一つ間違いがあるということは、他にも間違っているでしょう?」と徹底的に突っ込んで、**証拠もないのに多くの追徴税を巻き上げる**というものです。

筆者も調査官時代、この方法で多額の追徴税を稼いだことがあります。

たとえば筆者の税務調査で、こういうことがありました。

調査先は、一般家庭の家屋の修理業を営んでいるK社という業者です。K社は小さな業者ですが、帳簿類は完備しており、領収書もきちんと残されています。

だから帳簿類から決算書、申告書までの流れは完璧です。一見したところ絶対に申告漏れなどはありません。

しかし、このK社、利益に比べて預金などの資産が多いのです。なんらかの方法で脱税をしていることが考えられました。

K社の仕事の状況を調べていくと、明らかに仕事がされているのに代金の請求がされていないものが一つ見つかりました。当然、売上にも計上されていません。

私はそれを経営者に追及しました。

「これは何の仕事ですか」

「ああ、それは下水が詰まったのをとってあげたんです」

「代金はどうされましたか？」

「えっと、現金でもらったと思います」

「その分は売上に計上されていませんね」

「そ、そうですか、すみません。その分は計上します」

しかし調査官はここで、**ただ一件だけの売上計上漏れで済ませたりしません。**というよりり、税務調査での交渉はここから始まるのです。

私「一つ計上漏れがあるということは、経理処理が完全ではないということですよね？」

経営者「まあ、そういうことになりますね」

私「売上はほとんどが売掛金となっていますが、この件のように現金で回収したものもたくさんあるんじゃないですか？」

経営者「……」

私「今、わかった分の10倍以上は、あるはずですよね？」

結局、K社は発覚した売上計上漏れの10倍を計上漏れしていた、ということになってしまったのです。

このときK社は、**私の口車に乗るべきではなかった**といえましょう。あくまで、「ミスをしたのは発覚した一点だけであり、他は間違いないはず」

そういう主張を貫き通すべきだったのです。

K社がその主張を貫き通せば、私のほうは新たな証拠を見つけない限り、売上計上漏れを拡大することなどはできなかったのです。

追徴税の総額を言わずに判を押させる

調査官が納税者を騙す手口として、追徴税の総額を言わずに、**とにかく修正申告書を出させてしまう**、というものがあります。

たとえば、次のようなケース。

水道工事業のHさん。税務調査で、交際費の一部を役員賞与にするように求められました。Hさんとしては、あまり納得のいく話ではありませんでした。

「**追徴税は30万円**だけですよ」

この調査官の言葉を信じ、「30万円で済むなら、ここでもめて税務調査が長引くのも嫌だし」ということで修正申告に応じることにしました。

しかし調査官の言った「追徴税30万円」というのは、法人税だけの話だったのです。Hさんの役員賞与への追徴税、会社の事業税、住民税などを**合計すると60万円近く**になったのです。

会社の税金というのは、法人税のほかに事業税、住民税などがかかってきます。また会社の経費を否認され役員報酬に計上させられた場合には、その役員の所得税、住民税も追徴されます。調査官は、そのことには触れずに法人税の金額だけをHさんに伝えて説得したのです。

本体価格だけを非常に低く提示して契約を済ませ、後からオプション料として莫大な請求をする**悪徳セールスマンと、やり方はまったく同じ**です。調査官としては、非常によくやる手口です。

だから追徴税を決める際には、法人事業税、住民税、社長の所得税、住民税なども含めていくらになるか、ということを調査官からはっきり聞くようにしましょう。

納税者の無知につけこむ

調査官は納税者の無知につけこんで、追徴税を認めさせようとすることも多々あります。

調査官が課税漏れなどを指摘しようとするとき、明確な証拠がない場合があります。つまり白か黒かはっきりしないようなケースです。その場合、納税者としては自分の潔白を自分で証明しなければならない気持ちになってしまいます。

しかし税法上、**納税者は自分の潔白を証明する必要はない**のです。

日本の税制では申告納税制度という建前をとっています。これは「税金は納税者が自分で申告して自分で納める」というものです。税務当局は、申告に明らかな誤りがあったときにのみ、是正できるのです。

だから申告で不審な点があった場合、納税者は「それが潔白だ」という証明はしなくていいのです。もし不審点を否認するのなら、税務当局側（つまり税務署）に「それが黒だ」と証明する必要があるのです。

にもかかわらず、調査官はさも納税者側に、無実の証明義務があるかのようにふるまいます。

たとえば、私の調査官時代にこういうことがありました。

機械製造業者のK社を税務調査したときのことです。K社ではとある経営コンサルタントにコンサルタント料として50万円払っていました。しかし、この経営コンサルタントは、そのとき所在不明となっていました。K社の経営者は、確かにコンサルタント料を払ったと言っていましたが、振込ではなく現金払いだったので確認のしようがありませんでした。

そこで私はK社に対して、「経営コンサルタント料が適正に払われたかどうか（相手がちゃんと受け取ったかどうか）証明してほしい。証明できないなら、追徴する」と言いました。K社は、それを証明できず、追徴課税をされる羽目になってしまいました。

今、**考えればひどいことをした**ものです。

K社には、適正に支払った証明をする義務などはなかったのです。私が「K社が計上しているコンサルタント料は架空である」と証明しなければ、追徴課税はできなかったはずなのです。

しかしK社の経営者は、すっかり自分のほうに義務があるとばかり思いこんで、私の罠にかかったわけなのです。

このように**調査官は納税者の無知につけこもうとする**ので、注意を要します。

個別の正否を問わず、全体を否認しようとする

調査官の騙しの手口として、「**個別の正否を論じるのではなく、全体の数値を見て否認しようとする**」というものがあります。

これはどういうことかというと、一個一個の経理処理の誤りを指摘するのではなく、「全体的におかしい」と言って否認しようとするのです。これは、「あなたはこんな悪いことをしてますよ」と指摘するのではなく、「あなたは何か全体的に悪い人でしょう」と文句をつけることです。このような否認の方法は、**税法的には絶対に認められていない**ことです。だから最近の調査官はあまりやっていないようですが、昔の調査官はよくやっていました。今でも、この手法を使う調査官はけっこういます。

具体的にその手法を紹介しましょう。

まず、よくありがちなケースでこういうものがあります。確定申告の申告相談で、ある自営業者が決算書を持ってきて、申告書の作成を相談しに来たときのことです。

決算書を見れば利益が非常に少なく、所得税の納税額はゼロになります。それを見た調査官は決算書の間違いを指摘するのではなく「少しくらい税金を納めましょうよ」と言って決算書を書き換えさせ、利益が出ているようにし、若干の納税をさせたのです。

　またこんなケースもあります。

　年間で50万円のゴルフ代を交際費として計上していた会社がありました。調査官は、ゴルフ代が一つ一つ正しいかどうかチェックするのではなく、「年間50万円は少し多すぎるので、半分くらいにしておきましょうか」と言ってきたのです。

　こういう否認は税法的には明らかにおかしいのですが、その場にいる納税者は**なんとなく騙されてしまう**のです。

　一つ一つに関して正しいかどうかチェックされれば、すべて正しいといえるのだけれど、「全体的に少し多すぎるんじゃないですか」と指摘されれば、妙に納得したりしてしまうものなのです。

　税務の原則から言うならば、ゴルフ代が多いとか少ないとかは問題ではなく、そのゴルフ代が接待交際費として妥当であれば認められるし、そうでなければ認められないということです。

　くれぐれも調査官の手に乗らないようにしましょう。

調査官の奥の手「始末書」とは

調査官の騙しの手口の中で、**もっとも汚いのは「始末書」**といえるでしょう。

始末書というのは、何か不祥事をしでかしたときに、監督的、上司的な立場の人に出す反省文のようなものです。

税務署の調査官は、この始末書というものを非常にずる賢く使います。

会社が脱税まがいのことをしていたときに、調査官は「始末書を出してください」と言います。そして会社は「深く反省していますので、穏便《おんびん》にお願いします」という内容を書いて税務署に提出するのです。

たとえば、次のような感じです。

「この売上計上漏れは、うっかりミスではなく、わざとやったんでしょう?」

と調査官が納税者を問い詰めます。納税者は、まともに言い返せません。そして調査官は「こういうケースは、税務署としては厳しく対処しているところですが、ここは穏便に済ませてあげますので、始末書を書いてください」。

それを聞いた納税者は、始末書を書けば加算税が軽くなるとでも思い、調査官に言われた通りの文言で始末書を書いてしまうのです。

しかしこの始末書が非常にクセモノなのです。会社は始末書を書いても得にはならない、**むしろ大きな損**になります。

なぜなら始末書を出したからといって、税務署が穏便に済ましてくれることはありません。それよりも始末書を出したことによって、「自分が悪かった」ということを認めたことになり、重加算税を課せられる羽目になってしまうのです。

調査官が始末書を要求するケースというのは、実は**「不正かどうか明確な物証に乏しい場合」**なのです。

重加算税を課すときというのは、納税者側に明確な不正があったときだけです。しかし不正かどうかというのは、はっきりしないことが多いものです。そのため調査官は、納税者側に始末書を書かせることで**「不正の意図があった」という証明**にするのです。

つまり、この始末書のために納税者は重加算税を課せられる羽目になってしまうのです。

前述したように税務署の調査官というのは、税務調査で重加算税をとることがもっとも大きい手柄です。だから、なるべく重加算税をとろうとして明確な不正ではないものでも、始末書を出させて不正の扱いにしてしまうのです。

この巧妙なトリックは、**税務署の常套《じょうとう》手段**であり、官庁の常套手段でもあります。

日本の官庁では、よく「一筆書いてください」などということを行います。それはどんな処分をしても、あとで市民に文句を言わせないためなのです。

くれぐれも始末書を書いたら、穏便に済ませてもらえるなどと思わないことです。また税務署が「始末書を書け」と言ってきたときは、**税務署のほうが分が悪いとき**だということを覚えておきましょう。

「調査が長引きますよ」という脅し文句

調査官は、税務調査でもめたり、会社側が指摘事項に反発したりすると、「調査が長引きますよ」と脅しをかけてきます。

調査が長引けば、会社としては大きなダメージを被ります。時間もとられますし、精神的な負担も大きい。調査の期間は、大事な取引などなかなかできにくいものです。

だから会社としては、調査官の脅しに屈してしまいがちです。

しかし、それは得策ではありません。

というのも、「調査が長引きますよ」というのは、**単なる脅しに過ぎない**からです。

前述したように、調査官にはノルマがあります。

中小企業に対する税務調査というのは、だいたい1週間に一件を終わらせないとなりません。それは調査の準備や、報告書の作成、銀行調査や反面調査など、すべて含めての日数です。ということは会社に臨場できるのは、せいぜい2日か3日です。3日となるとけっこうきついスケジュールになるので、たいていの場合は2日で終わらせます。

2日も会社で調査を行ったなら、調査官は、もうそれほど会社を訪れる時間はありません。重大な脱税が見つかったのならまだしも、単なる課税漏れでは、そうそう調査の時間をとれるものではないのです。

つまり**調査が長引いて困るのは、調査官のほう**なのです。

指摘事項や修正申告の内容が確定しないままになると、調査はなかなか終了できず、調査官の予定は狂ってしまいます。だから、「調査が長引きますよ」と言われたとしても、動じる必要はないのです。

稀に、本当に嫌がらせで調査を長引かせる調査官もいます。もし、その場合は「必要もないのに調査を長引かせている」として正式に税務署に抗議しましょう。

フフフ
調査が長引けば困るのは調査官のほう!
納税者

「修正申告」という罠

税務調査で申告漏れなどがあった場合、納税者は修正申告書を出すことになります。

この修正申告というのも、**実はくせもの**なのです。

修正申告と言うのは、納税者が税務調査で指摘を受けて「前の申告は誤りがあったので修正します」と自発的に申告するものです。

これは、**よく考えたらおかしい**と思いませんか？

もし税務調査で明らかな誤りが見つかったなら、納税者に自発的に修正させなくても、税務署自身が追徴税を課せばいいことでしょう？

なのに、なぜ納税者に自発的に修正させるかというと……。

あとで文句を言わせないためなのです。

税務調査での指摘事項というのは、実はあいまいなものが多いのです。税法に照らし合わせて、「明らかに間違っている」ことは少ないのです。「ちょっとおかしいけど、法律上は微妙」というものが多いのです。

もし、そういう指摘事項を、税務署が強制的に追徴課税などをしてしまうと、納税者が反発し訴訟になったときに、くつがえされたりするのです。

そこで納税者と同意の上で、納税者が**自発的に申告を修正したという形**をとりたがるのです。

だから、もし税務調査の結果に納得が行かなければ、修正申告を出さないという選択肢もあるのです。

税務署の指摘に納得がいかない場合は、「納得できない」と税務署に伝え、「修正申告は提出しない」こともできるのです。

「修正申告を出さない」という手もある

前項では、修正申告を出さないということもできると述べましたが、もう少し詳しく説明しましょう。

税務調査では、調査官は修正申告を素早く出してくれるように求めてきます。それは、相手によく考えさせないためなのです。前述したように調査官は、ノルマに追われ時間に追われているので、早く終わらせたいのは調査官のほうなのです。

税務調査においては修正申告をどうするかが、もっとも大事なことです。会社にとっては**追徴税がいくらになるか**という肝の事項です。

このときに調査官の指摘に納得がいかなければ、決して簡単にひきさがってはいけません。

必ずしも税務調査の期間内に修正申告の内容を決めなくてもいいのです。多少長引いても、自分が納得のいく形で修正申告は出したいものです。

だから、本当に納得がいかない場合は、**修正申告を出さないという方法もアリ**なのです。

そして、「修正申告を出さない」態度を見せることは、交渉の上でも効果があります。

もし納税者が修正申告を出さなかった場合、調査官は税務署に持ち帰って、更正をするかどうか検討します。更正というのは、「あなたの申告は間違っていたので、これだけの追徴税を払いなさい」と税務署が強制的に言ってくることです。

強制的に言ってくるということは、税務署としては絶対に間違いは許されないことになります。逆にいえば、曖昧《あいまい》なもの、グレーゾーンのものなどは、なかなか更正はできないのです。

もし調査官が指摘内容に自信がなければ、指摘事項を変更したり、追徴税額を減額してくることもあります。「税金をまけるから、早く修正申告を出してくれ」ということです。

だから納得がいかないのに、**言われるままに修正申告を出すのは、非常に損**なことなのです。

追徴税は交渉次第で額が変わる

税務調査で、もっとも大事なことは最終的に追徴税を決めることです。

経営者にぜひ知っておいていただきたいのは、**税金は交渉次第で変わる**ということです。何度も言いますが、税法というものは曖昧なものもたくさんあり、明確に「この人はいくらになる」とわかるケースは少ないのです。

だから税務署が提示した額をすんなり受け入れるのは、あまり賢いことではありません。

「そんなに払えません」

「それは納得いきません」

などと言って、いったんは保留してみるべきでしょう。

粘ることで追徴税が低くなったりすることもあるのです。

もちろん、明らかな申告誤りなのに粘っても仕方がありませんし、長引いて税務署を本気で怒らせれば、かえって損するということもあります。その辺は、状況をうまく見極めて臨機応変に対応したいものです。

自分に非があるかどうか、税理士などの専門家に意見を聞いてみましょう。あまり非がないのであれば、頑張って粘るという感じで柔軟に交渉したいものです。

おとなしそうな相手からは多額の税金をふんだくる

調査官というのは、**非常にずる賢い人種**です。

追徴税はとりたい、けれども面倒に巻き込まれるのも嫌。税務調査というのは、金に関することであり、調査官と納税者の間でトラブルが起こることもしばしばあります。調査官は、なるべくそういうのは避けようとします。

となると、怖い人、うるさい人に対しては、**遠慮勝ちに調査をする**ことになるのです。

その一方で、相手がおとなしく言うことを聞くと見るや、厳しい税務調査をします。どんどん無茶な要求をしていくようになり、店の中だけではなく、家の中まで入り込もうとしたり、開店したのに居座ったりすることもあります。

だから言いたいことははっきり言わないと、払わなくていい税金を払わされる羽目になってしまうのです。

修正申告を出さない場合どうなるか

前項では、「修正申告を出さない」という態度を見せれば、調査官は態度を軟化することもあると述べました。では実際に修正申告を出さなかった場合どうなるか、ということをご紹介したいと思います。

税務調査で納税者が修正申告を出さなかった場合、原則として税務署は「更正」を行います。

更正というのは、税務署から「あなたはこれだけの税金を納める必要があるので納めなさい」ということを行政命令として出すことです。更正をするということは、税務署としては、その指摘事項に**自信がある**（税法に照らし合わせて明確に課税漏れになっている）ということです。

しかし、それも絶対ではありません。税務署が更正をしても、のちにそれがくつがえったりすることもままあるのです。

だから、もし更正処分にも納得が行かなければ、納税者は税務署に異議申し立てをすることができます。**更正の通知を受けた日の翌日から3か月以内**に、税務署長に対して文書で異議申し立てを行う旨を通知するのです。

異議申し立てが行われた場合は、税務署自身がまず更正の内容を見直して妥当かどうかの判断をし、あらためて処分を決定します。その処分にも納得がいかなければ、**国税不服審判所に審査請求する**ことができます。これは税務署長からの通知が来た日の翌日から1か月以内に行わなければなりません。

国税不服審判所の審査では、処分の20%近くがくつがえされています。税務署が自信を持って行った更正が、5件に1件はひっくり返されているということなのです。税金の世界というものが、いかに曖昧で明確な線引きができないかということが、これでおわかりになると思います。

国税不服審判所の審査では、最初に受けた処分よりも重い処分が下ることはありません。最初の処分が軽くなるか、**最悪でも同じ**という結果にしかならないのです。つまり納税者が異議申し立てをして、損はないということです。

また国税不服審判所の大きな特徴に、**「通達に束縛されない」**というものがあります。行政庁というのは、行政上の法律を補足するために「通達」を出します。既存の法律ではすべての行政活動を網羅することはできないので、それを補完するために通達というものを出すのです。役人はみな、この通達に従って仕事をします。税務署の調査官もそうです。

でも通達というのは、役所の中の指示書であって法律ではありません。もしかしたら通達が違法になっていることもあるのです。

国税不服審判所は通達には縛られず、法律だけを元にして税務を判断します。だから、税務署の判断がくつがえるケースが多いのです。

国税不服審判所の判断でも納税者が同意しなければ、**行政裁判**ということになります。国税不服審判所の判断が裁判で敗れたケースもあるので、もし本当に納得がいかないのなら、**裁判を起こすのも選択肢として有効**だといえます。

ただしいずれの場合も、追徴税は最初に払っておいたほうがいいでしょう。というのも、裁判で負けてから追徴税を払うと、**14・6%という高率の延滞税**をとられるのです。だから裁判が長引けば、追徴税が雪だるま式にふくれ上がることになります。

裁判で税務署の処分がくつがえった場合には、あらかじめ払った追徴税は利子をつけて返還されます。

第5章

税理士は賢く使おう

ヘボ税理士を顧問にすると悲惨

税務調査対策の基本として、**いい税理士を見つける**ということがあります。

税理士というのは、税務において非常に重要な要素です。中小企業の税金対策のカナメは、実は税理士選びかもしれません。

税理士というのは、その**技能の差が非常に大きい職種**でもあります。税理士は、税法をたくさん知っておかなければならない上に、税務署の職員との交渉能力、書類の作成などを素早くこなす事務処理能力が求められます。

ヘボな税理士は、本当にひどいものです。

たとえば私が調査官のころ、Kという税理士がいました。

このK税理士は、税務署のOB税理士です。税務署員は23年勤務すれば、自動的に税理士の資格がもらえます。仕事ができる人も、できない人も一様に、です。だから一口に税理士といっても、ピンからきりまであるのです。

K税理士は何がひどいかって、ミスが多すぎるのです。申告書に記載ミス、計算ミスなどが多々あり、とてもプロが作ったものとは思えないのです。だから調査官たちは、K税理士の顧問先に喜んで調査に行っていました。K税理士の顧問先に行けば、追徴税が取れるからです。

こんな税理士に当たったら、**悲惨**です。

しかし税理士の良しあしというのが、なかなかわかりづらいのです。

税理士は、広告などが制限されており、いい税理士とダメな税理士の区別はなかなかつきません。

また税理士を頼むときに、知り合いに税理士がいるからといって、その人に頼んでしまうケースが非常に多いようです。これは**とても愚か**なことだといえます。前述したように、税理士というのは、能力の差が非常に大きいのです。知り合いの税理士の能力が高ければ問題ありませんが、そんな**運のいいことはあまりない**のです。

なので、この章ではいい税理士の見つけ方についてお話ししたいと思います。

試験突破組とOB組

いい税理士の見分け方をご紹介する前に、税理士の種類について少しお話ししておきたいと思います。

税理士には、大きく分けて二種類あります。

一つ目は、国税（税務署）に23年以上従事した人が税理士資格をもらって税理士を開業する、いわゆる「ＯＢ税理士」です。

もう一つは、税理士試験を突破して税理士になった、試験突破税理士です。

両者の特徴を簡単に述べましょう。

国税ＯＢ税理士の場合、税務の現場に強く、税務署との交渉などもうまいが、最新の税法、会計の知識はそれほどないということです。

ＯＢ税理士は、税務署とのパイプも持っていますから、いろんな意味で税務署対策に適しているといえます。**ぶっちゃけた話**、税務署もＯＢ税理士に対しては、遠慮している面があるのです。

一方、試験突破税理士のほうは逆に、税務署との交渉などはそれほどでもないけれど、事務処理能力は高く、最新の税法、会計の知識に長けているといえます。だから経理の指導や申告書の作成だけを目的とするならば、試験突破税理士がいいと言えます。

もちろん、これは全体的な話であって、会計に詳しいＯＢ税理士もいるし、交渉能力の高い試験突破税理士もいます。

ＯＢ税理士は役に立つか？

前項でも述べましたように国税職員というのは、23年間勤務すれば、税理士の資格が得られます。

税理士の資格というのは、実は超難関です。司法試験の次くらいに難しいとも言われています。そんな難関の資格が、国税を23年勤務すればもらえるわけです。高卒の職員であっても、です。こんな**美味しい話**はありません。

昨今でこそ情報化社会の到来で、ダメな税理士はなかなか食っていけないようになりました。それでも以前は、税理士の資格さえされば、十分に食っていけると言われていました。

だから国税職員のほとんどは、退職した後は税理士になります。

税理士というのは、納税者の代理人的存在であり、国税（税務署）との折衝役的な存在です。それを国税のＯＢがやるのだから、国税職員としてはやはり**やりにくい**ものです。彼らは税務署の仕事のやり方はすべて熟知しているのです。

しかも現役の職員にとって、彼らは大先輩にあたります。それが納税者の味方、つまり自分たちの敵として対峙するわけですから、**たまりません**。

国税職員というのは、先輩と後輩の結びつきが強い組織でもあります。国家公務員などというのは、だいたい組織としてのまとまりが強く「大蔵一家」とか「文部一家」などと称されるものです。まあ、自分たちはみな家族というわけです。そういうまとまりの強い組織の中での先輩、後輩というのは、非常に連帯感があるわけです。後輩は先輩の言うことを絶対聞かなくてはなりませんし、先輩は後輩の面倒を必ずみなければなりません。体育会系の気質ですね。

さらに困ったことに、国税職員というのは**酒の付き合いが非常に多い**のです。そして酒席となれば、必ず先輩が後輩に奢《おご》ってやらなければならないという暗黙の掟があります。そういう関係で、先輩が国税をやめたからといって簡単に断ち切れるものではありません。

しかも税理士になって羽振りのいい先輩などは、やたらと後輩に奢りたがるのです。**OB税理士に御馳走になったことのない国税職員というのは、ほとんどいない**と思います。少なくとも私が国税にいたころはそうでした。御馳走になった先輩に対して、失礼な態度はとれません。

こういう具合に国税OB税理士というのは、現役の国税職員に対してかなりの影響力を持っているわけです。

しかも国税ＯＢが元幹部だったりすると、国税局に強い影響力を持つことになります。直接の後輩が国税の中枢にいることが多いからです。

だから国税の大物ＯＢには職員レベルではなく、国税局や税務署までも遠慮してしまうことになります。

中途リタイア組には優秀な人が多い

国税の職員は定年後は税理士になる人が多い、と前述しました。が、定年まで待たずに、40歳過ぎで退職し、税理士になる人もいます。国税の職員は、23年以上勤務すれば、税理士の資格がもらえます。なので、44、45歳で税理士の資格をもらったら、すぐに税理士を開業する人もいるのです。

この中途リタイア組は、あまり多くはありません。

40歳くらいというと、税務署にいればこれからどんどん給料は高くなっていく時期です。またもう若くないし分別もついていますので、いたずらに冒険的な行動はしません。だから、ほとんどの人は税理士の資格をもらっても、すぐに辞めることはありません。税理士の資格をもらったというだけで、食っていけるわけではありませんからね。

なので40過ぎで退職して税理士になるという人は、**優秀な人が多い**のです。税理士としてもやっていける自信がある人、税理士としてやっていけるだけの基盤や人間関係を持っている人なのですから。

国税の異動は7月です。

毎年7月に移動情報を見ると、「えっ、この人が辞めるの?」とびっくりするようなことがあります。国税局内でも出世コースの先頭にいて、将来を嘱望《しょくぼう》されていたような人が、ひょいと辞めたりすることがあるのです。

まあ、いかに出世が約束されているとはいえ、税務署の堅苦しい上下関係の中で、他人の懐を探るような仕事を60歳までやることを考えれば、税務署の外でやっていく自信があるのなら、**外に出たいと思うのは人情**でしょう。

実は税務署の人のほとんどが、**本当は早く辞めたい**と思っているみたいですね。本当に辞める人はごくわずかですが。

いい税理士の見つけ方

では、いい税理士を見つけるにはどうすればいいいか、具体的な方法をご紹介しましょう。

もっともオーソドックスな税理士の探し方は、その**地域の税理士会に行く**ことです。税理士会というのは税理士の集まりで、開業している税理士は必ずこの税理士会に入らなければなりません。だから、すべての税理士の情報は税理士会に行けば手に入るということです。

しかし税理士会は、公平に税理士を紹介しなければならないので、「いい税理士」「悪い税理士」などということは教えてくれません。だから事前に「どんな税理士がいいのか」という条件を作っておいて、それを税理士会に提示して該当する税理士を紹介してもらうといいでしょう。

たとえば税務署との折衝を重点に考える場合は、有力な国税ＯＢ税理士が適当でしょう。

しかしＯＢ税理士といっても、だれもが税務署と強いパイプを持っているわけではありません。ＯＢ税理士でも税務署になんの影響力も持たない人もたくさんいます。

税務署と強いパイプを持っているのは、一般的には退職する前に**「偉いポスト」**にいた人です。だから、「元税務署長だった人」などという条件をつけて探してもらう、という手もあります。

ただし元税務署長だったような人は、事務処理能力はあてにできない場合が多いようです。偉くなって辞めた人は、退職前の10年以上（長い人では20年）、ほとんど現場に出ていないので、事務的な仕事はあまりできないのです。

また細かい節税、会計の指導を受けたい場合は、中堅の試験突破税理士を紹介してもらうといいでしょう。あまり若いと経験が不足しているし、年配だと最新の知識がないかもしれないからです。

こういう具合に、税理士会から紹介を受けるときには、なるべく**具体的に条件を提示するのです。**

インターネットで探す

昨今では、インターネットで税理士を探す、という手もあります。

税理士の広告規制は、幾分緩んでいるので、最近では、税理士がホームページやブログを持っていることも多々あります。なので、そういうものを見て、よさそうな税理士を探すこともできるのです。

インターネットで探すときの利点というのは、詳しいプロフィールが入手しやすいということです。税理士のホームページやブログのほとんどの場合、詳しいプロフィールが載せられていますし、不明な点はメールなどで直接、相手の情報を聞けます。せっかくメールで聞けるのだから、相手のことはなんでも聞いてしまいましょう。インターネットで探すときの注意点としては、**依頼する前に必ず直接会っておく**ということです。メールのやり取りだけで、依頼するのは絶対にやめるべきです。どんな税理士もメールのやり取りでは、とても親切に答えてくれます。これは顧客を獲得するためです。

　実際に税理士事務所の中を見て税理士に会ってみないと、本当に親切かどうか、本当に能力が高いかどうかはわかりません。

　またインターネットでの難点は、地元の税理士を都合よく見つけることが難しいということです。税理士は地元の人がいいのですが、地元のいい税理士がホームページやブログを作っているとは限らないからです。今後は、ほとんどの税理士がホームページを作るようになるとは思われますが、現在のところはまだまだ少ないのです。

税理士を選ぶ際のチェック項目

税理士を選ぶ際には、最低でも次の7項目はチェックしておきましょう。

①地元かどうか
②OB税理士か、試験突破税理士か
③OB税理士の場合、国税での最終的な地位と所属していた畑
④試験突破税理士の場合、独立前の修業期間
⑤税理士業の経験年数、事務所を独立してからの経験年数
⑥事務所の人数
⑦顧客の数

では、これらのチェック項目の意味を一つずつ見ていきましょう。

まず①の「地元かどうか」ということは、税理士は地元のほうがいいのです。税理士は、納税者と税務署とのパイプ役でもあります。

地元の税理士であれば、管轄の税務署と付き合いがあります。自分の申告を受け付ける税務署と深いつながりを持つ税理士のほうが有利なのです。もし税理士が遠方の人であれば、自分の管轄の税務署とは、ほとんどつながりを持ちません。ですから、税理士は地元の人を選ぶのが無難なのです。

②の「OB税理士か、試験突破税理士か」というのは、もうすでにお話ししましたので、省略します。

次に③の「OB税理士の場合、国税での最終的な地位と所属していた畑」という点についてお話ししましょう。先ほど述べましたように、OB税理士の場合、幹部のほうが影響力がありますので、なるべくなら偉かった人のほうがいいのです。そして「所属していた畑」というのは、国税職員の場合は、系統がいくつか分かれています。たとえば法人税担当者、所得税担当者、相続税担当者、徴収担当者と専門分野がそれぞれ違うのです。会社の申告を頼むのであれば、**法人税担当者がいい**ということになり、個人事業の申告であれば、**所得税担当者に頼むのがいい**ということになります。

その次に④の「試験突破税理士の場合、独立前の修業期間」という項目についてです。試験突破税理士の場合、試験に受かっただけで税理士の仕事がすぐにできるわけではないので、修業する期間が必要です。ある程度この期間がないと、税理士としてはあまり能力があるとは言えません。

その次の⑤の「税理士業の経験年数、事務所を独立してからの経験年数」についてです。税理士業の経験年数、事務所を独立してからの経験年数は、もちろん長いに越したことはありません。ただあまり長いと、年齢的に問題が出てくるかもしれませんが。

⑥の「事務所の人数」というのは、事務所は大きいに越したことはありません。

⑦の「顧客の数」というのも、顧客が多いに越したことはありません。だいたい税理士一人につき50人以上の顧客がいれば、いい税理士ということがいえるでしょう。

インターネットの項でも述べましたが、税理士を選ぶ際には、事前に必ず税理士事務所に行き、税理士にいろいろ聞くべきです。もし税理士が質問に答えるのを渋るようであれば、そういう税理士には頼まないことです。

わからないときは、地元で一番大きい事務所に依頼する

これまでいろいろ税理士の探し方をお話ししてきましたが、自分がどんな税理士を求めればいいのか、よくわからないという人もおられるでしょう。

そんな人のために、ここではもっとも無難な税理士の選択方法をご紹介しましょう。

それは、**地元で一番大きな税理士事務所に依頼する**という方法です。

先ほど述べたように税理士というのは、地元の人に頼むほうが何かと都合がいいのです。

そして、一般的には大きな税理士事務所のほうが安心できます。税理士というのは、一度ついた顧客が離れることが少ないのです。よい税理士ならば、必然的に顧客は増えていくばかりです。つまり大きな税理士事務所ほどいい税理士がいる、と言えるのです。

大きな税理士事務所ではスタッフも充実しており、試験突破税理士と、国税OB税理士の両方が所属していることが多いのです。そういう事務所では、普段は試験突破税理士が経理指導などをしてくれ、税務調査があったときにはOB税理士が出てくる、となっています。

つまり、試験突破税理士とOB税理士の**両方のいい部分を使う**ことができるのです。ただし、必ずしも大きな事務所に両者がいるとは限らないので、必ず両者がいることを確認しましょう。

また大きな税理士事務所の税理士は、税理士会でも要職を占めていたりするので、税務署に対する発言力も大きいのです。

だからもし、なんの情報も持たずに税理士を探す場合は、地元で一番大きな税理士事務所に依頼するのが**もっとも無難**だといえます。これは税理士会などに、一番大きい税理士事務所を紹介してくださいといえば、教えてくれるはずです。

ダメな税理士は思い切って替えよう

今、これを読んでいて、「もう税理士を頼んでいるから、どうしようもない」と思っている人もおられるかもしれません。

でも、税理士を替えることは悪いことではありません。

ヘボな医者にかかっていたら命が危ないのと同じで、ヘボな税理士を使っていたら会社が危うくなりかねません。

「この税理士ダメかな」

と気づいたときには、**なるべく早く税理士を替える**ことです。

税理士のダメ加減をチェックする項目を挙げますので、チェックしてみてください。

ダメな税理士チェックリスト

- □ 節税方法の提案などをほとんどしてくれない
- □ 同規模の同業者と比べて、税金が高い
- □ 税務調査のとき、調査官のいいなりで追徴税を払わされた
- □ 明らかに税理士のミスで追徴税を払わされた
- □ 税務調査の頻度が異常に多い（一概には言えませんが、2年に1回必ず来る、もしくは同地域の同業者に比べて異常に頻度が多いなど）
- □ 質問をしてもなかなか答えてくれない
- □ 事務員が頻繁に辞める（もしくはいない）

この項目の中で、該当するものが1つあれば「要注意」、2つ以上あれば「危険」だといえます。

第6章

税務署の弱点

調査官が恐れる「申告是認」とは

税務調査に行って追徴税額が出ない、指摘事項がまったくないことを「申告是認」といいます。調査官にとって申告是認というのは、**恥そのもの**です。営業マンがまったく契約が取れない状態と似ていると思われます。

何度かふれましたが、調査官にはノルマがあります。というか、税金をたくさん取ってきた人が偉いという確固たる価値観のある社会であり、実際に税金をたくさん取る人が出世するという事実もあります。

ですから、税務調査に行って追徴税をまったく取れないことは、調査官にとって自分が役立たずのような心境になるものなのです。

「申告是認」が続くと、だいたい上司である統括官から怒られたり、注意されたりするものです。

統括官（部門の責任者）も、税務署の副署長などに嫌味を言われたり、陰で叱責されたりしているのです。また、会議などで槍玉に上がったりすることもあるのです。「申告是認」は調査官も辛いし、上司も辛いのです。だから**「申告是認」が続くことは調査官にとっては、もっとも嫌なこと**なのです。

私も申告是認を2回続けたことがあります。そのあとの調査というのは、非常に行きづらいものでした。また、なんにも出なかったらどうしよう、このまま消えてしまいたいと思ったこともあります。

申告是認が2回続いた次の調査では、申告是認脱出を期して、なるべく追徴課税が見込まれそうな会社を選びました。しかし、その調査でも2日目まではなにも出ませんでした。2日目に税務署に帰って、統括官に報告するときの辛さと言ったらありません。私の報告を聞いた統括官の表情には失望の色が見えましたが、私を叱責することはなく、こう言いました。

「まあいいよ。次、頑張ればいい。あと1日くらい行くか？　それとももう切り上げるか？」

私は「あと1日行かせてください」と答えました。

調査1回にかける日数が増えるということは、調査件数が減るために、あとが大変になります。また税務署には、なにも出ない調査（申告是認の調査）にあまり調査日数がかけられないという暗黙のルールもあります。このまま切り上げて、3回連続の申告是認になると、部門にとっても私にとっても大きなマイナスですが、あと1日行ってなにも出なければ、**さらにダメージは大きい**のです。

結局、3日目にしてようやく小さな指摘事項を見つけ、ほんのわずかでしたが、追徴税額を取ることができました。

税務調査の際には「おみやげ」を用意？

「税務調査に入られたら、おみやげを用意しろ」

税理士の間などでは、昔からよくこういうことが言われてきました。

おみやげといっても、地方の名産品とか菓子折りのことではありません。税務の隠語なのです。

「おみやげ」とは、どういう意味でしょうか。税務調査の際、間違いがまったくなかったら、調査官の立場がない、調査官も上司に報告しにくい、だから納税者側がわざと小さな間違いを用意すれば、調査官は安心して調査を終わらせることができる、ということなのです。

嘘みたいな、なんとも**面倒くさい話**ですよね。でも、これは実際に税務の世界で言われてきたことなのです。

「おみやげ」というのは具体的にどんなものかというと、たとえば期末の売上の一部を計上漏れにしておくのです。本当は、今期の売上に計上しなくてはならないのに、来期の売上として経理処理するのです。だれが見てもわかる経理誤りですから、どんな調査官も見過ごすわけはありません。調査官は追徴税が課せられるので、喜んで調査を終わらせることができます。納税者も、わずかなミスですから、追徴税は大したことではありません。税務調査で何日に居座られることを考えれば、安いものです。両者ともに得をする、というわけです。

「おみやげ」は、**税務署の実態を如実に表している言葉**でもあります。

前に述べましたが国税調査官というのは、追徴税を稼がなければならないというノルマに追われています。追徴税がまったく取れなければ上司から叱られる、追徴税を取るために重箱の隅をつついたり、強引に納税者を言いくるめたりするわけです。納税者は、それではたまったものではないので、**「おみやげ」という知恵**が生まれたわけです。

税務の現場で、実際に「おみやげ」が用意されていたかどうか、元調査官の私としてはわかりません。自分が稼いだ追徴税が、納税者がわざと用意したものかどうかというのは、自分ではわかりませんから。スポーツの試合で、相手がわざと負けたかどうかなんて、そうそうわかるものではないでしょう？

で、これを読んだ人の中には、「じゃあ、税務調査が入るときは自分もおみやげを用意しよう」などと思う人もいるかもしれません。でも、それはやめたほうがいいでしょう。簡単な経理ミスがあれば、調査官から経理がずさんだと思われ、徹底的に調査をすることにもなりかねません。

また最近では、調査官の調査スケジュールが詰まっているので、追徴税がないからといって、いつまでも調査先に居座るということはできなくなっています。ですから、善良な納税者のみなさんは**「おみやげ」を用意しようなどとは思わないほうがいい**といえます。

「税金の払い過ぎ」は黙殺する

税務調査というのは、本来の目的な適正な申告をしているかどうかのチェックです。申告に誤りがあればそれを是正するのが目的であって、追徴税を稼ぐことではありません。

申告の誤りには二種類あります。**申告納税額が少なすぎる場合**と、**申告納税額が多すぎる場合**です。

税務調査をしたとき発覚するのは、申告納税額が少なすぎる場合ばかりではありません。たまに多すぎる場合もあります。

申告額が多すぎたとき、調査官はどうすると思います？

なんと黙殺するのです。

これは、実は限りなく違法に近いのです。

税法には「税務調査では過少申告のときだけ指導しろ」などとは、まったく書いてありません。法律的に過少であろうと過大であろうと、間違いが見つかった場合は正さなくてはならないとなっています。つまり過大申告だった場合は、本来は税金を返さなくてはならないはずなのです。それは追徴税を課すことと同じように、大事な税務署の仕事なのです。

しかし、**ほとんどの調査官はこの仕事を放棄**しています。

稀に馬鹿正直に、税金を返す調査官もいますが、そんなことをすると、税務署の中では**バカにされる**だけなのです。これは国全体の税務行政から見れば、非常に由々しき事態なのです。法の番人であるべき国税調査官が法律通りのことをやっていないわけですから。

しかし税務署の中で、これを**おかしいと思っている人はほとんどいません**。税務署では、「健全な税務行政」などは仕事の目的ではなく、ただ追徴税を取れればいいと思っているのです。

このように非常に偏重的な考えが国税の中を支配しているのですから、彼らはそれが偏った考えだとは全然思っていないのです。

かくいう私も国税をやめるまでは、そういうことにあまり疑問を持ったことはありません。税金を多く取ることが自分の仕事だと信じていましたから。国税を辞めてはじめて、非常に偏った価値観を持った組織だったんだ、と気づいたのです。

調査官だって本当は税務調査などしたくない

「税務署の調査官って、みんな性格が悪いんだろうな」

税務調査を受けたことがある人は、そう思っているかもしれません。

税務署の調査官と接するとき、いい思いをする人はあまりいませんからね。

彼らはいつも人を疑っているし、脱税をしていないか目を光らせています。税務調査では細かいことを根掘り葉掘り聞くし、まるで相手を犯罪人のように追及することも多々あります。

では、本当に税務署の調査官は、みんな性格が悪いのでしょうか？

実はそうとも言えないのです。

というか調査官自身、**こういう仕事はあまり面白くない**と思っていることが多いのです。国税調査官がみな喜び勇んで税務調査に行っている、なんてことはありません。税務調査というのは、間接的には人の役に立つことがあっても、直接的には人から嫌がられることなので、**実際気分がいいわけはない**のです。

納税者に嫌がらせのような調査をしたあと、調査先の納税者から帰り際に「あなたたちも大変ですね」などと言われたら、自責の念のような、**泣きたいような気分**になってしまうこともあるわけです。

調査官も、自分のやっていることが**あまり世の中のためになっていない**、ということは薄々は感じているのです。こんな重箱の隅をつつくようなことをしても、納税者の反感を買うだけ。本当に悪い奴を徹底的に懲《こ》らしめるべきであって、ちょっとした間違いをあまりうるさく言うべきではない、と。

しかし、それを考え始めると、調査官は生きていくのが辛くなります。なぜなら調査官は下級官僚なので、上の命令通りに仕事をするしかないのです。

自分のやっていることが世の中のためになっていると、半ば信じつつ、半ばこんなことやってなんになる、と思っているのが調査官の本当のところなのです。

「こんなこと本当はやりたくはないんだがなあ」

と心の底では思っていても、そういう表情を出すと、納税者を厳しく追及できず追徴税が取れなくなってしまいます。ですので、**「自分は国家のために一生懸命やってます」**という顔をしているわけです。

まあ、でも調査官を何年か続けると、慣れてきますけどね。

嫌だと思っても、やらなければならない仕事だからと、やっているうちに鈍感になっていくわけです。調査先では嫌な顔をされても、不正を見つければ、税務署内では非常に誉められます。そして組織的暗示状態になってきて、ついには調査で不正を見つけることは世界で一番すばらしいことなのだ、と思うときもあるのです。そうやって、**サディスティックな調査官が増えていく**わけです。

税務署は「なんでも言うことを聞く市民」が大好き

税務署や調査官に好ましい納税者とは、どんな人だと思われます？

記帳をきちんとして、正確な税務申告をしている人？

いいえ、違います。記帳をきちんとしていれば、税務調査で指摘することがありませんので、そういう人は税務署は大嫌いです。

たくさん税金を納めている人？

これも違います。だれかが税金をたくさん納めたからって、それは税務署の手柄ではありません。税務署の手柄は、納めていない人に納めさせたときに生じるものですから。

どんな納税者を税務署は好むか、ズバリ言いますと**「税務署の言うことをおとなしく聞く納税者」**です。

税務行政というのは、トラブルがつきものです。「申告内容がおかしい」とか、「税金が納付されていない」とか、税金の問題というのは、つまりは「お金の問題」ですから、もめることが多くなるのです。

そして納税者と税務署が敵対することも多々あります。それは調査官にとって、大きな労苦となります。

なので税務署の言うことに対して、何も文句を言わずに黙って従ってくれる納税者が、税務署は大好きなのです。

では税務署に素直に従う納税者は、税務署から好感をもたれ、いろいろ恩恵にあずかるのかというと、決してそうではありません。むしろ逆で、素直に従う納税者は、税務署からつけこまれ、**必要以上に税金を課せられる**こともあるのです。まるで、やくざと同じです。素直に言うことを聞く人ほど、ひどい目にあうのです。

たとえば税務調査では、調査官は調査先の社長や代表者がおとなしい人だったら、だんだん厚かましくなっていきます。調査官は税務調査が始まったときから、ずっと相手を観察しています。そして相手がおとなしそうだとわかれば、ガンガン調査をしてやれということで、プライベートの居室に入りこんだり、ありとあらゆるものを図々しく漁ったりするのです。

逆に相手が強そうな人、うるさそうな人であれば、調査官は紳士的に対応します。うるさそうな人に、強気で税務調査をすると、無用なトラブルを起こすこともあります。そういうことがないように、強そうな人には穏便に出るのです。**とてもわかりやすくズルイ人たち**なのです。調査官が真実を求めて、だれにでも公平に調査をしていると思ったら大間違いなのです。

調査官にとっての仕事は、相手の嫌がることをどれだけできるか、ということでもあります。相手が見せたがらないものを見るのが仕事ですから。本当は痛くもない腹であっても、一応探らなければならないのが調査官なのです。そういう作業をするとき、相手が文句を言いそうかそうでないか、というのは重大な問題なのです。
なるべくモメゴトにならないように、余計な力を使わないようにしたい。そうなると必然的に文句を言いそうな人には穏便な調査をし、文句を言いそうにない人のところで徹底的に調査をするということになるのです。

調査官は調査に行って、相手がおとなしそうな人だったら、**「シメタ!」**と思います。だから税務に関しては、おとなしく素直になれば、つけこまれる、と思ったほうがいいです。納税者の中には、調査官の言うことをおとなしく聞いていれば、穏便に取り計らってくれると思っている人もいるかもしれませんが、そういうことは**絶対にありません**ので。

ただしあまり無暗《むやみ》に反発したり、露骨に非協力的な態度を取ることも、良策ではありません。そういうことをすると、税務署は国家権力を振りかざして、ありとあらゆる嫌がらせをしてくることになります。また露骨に非協力的な態度を取ることは、「納税者の受忍義務に反する」などとして、かえって税務署に付け入るスキを与えてしまうことになります。

だからビジネスマンとして、大人としての礼を尽くしながら、言いたいことはしっかり言う、納得できないことは納得できないと言う。それが税務調査での賢い対応だといえます。

必殺〝重箱の隅つつき〟

税務調査でもっとも指摘されることが多い事項、追徴されることが多い事項ってなんだと思います?

売上隠し?

架空経費?

違います。そんな派手な課税漏れは、実はとても少ないのです。

税務調査でもっとも指摘されることが多いのは、**「売上計上時期の間違い」**なのです。「売上計上時期の間違い」というのは、本当は当期に計上しなくてはならない売上を翌期に計上している、というものです。税務用語では「期ズレ」(決算期のズレの意味)と言われています。

経営者としては、なんとか当面の税金を少なくしたい、だから期末の微妙な売上などは、翌期に回してしまう、ということが多いようです。だからこの間違いが非常に多いのです。もちろん故意に売上を遅らせるのではなく、単純な計上ミスというのも多々あります。

だから税務調査では、期末の売上に関しては厳しく目を光らせます。

私も調査官時代は、期末の売上に関して徹底的に調べました。なにせ追徴税が取りやすいんですから。

こういう話をすると、「売上計上時期を間違っただけなので、それほど悪質ではないじゃないか」「税務署がそんな厳しい処置をするのは、ひどいんじゃないか」と思う人も多いでしょう。実際に税理士会などからは、「売上計上時期を厳しくチェックするのは、重箱の隅つつきだ」と非難されることもあります。

税務署も以前は期末の処理の誤りについては、今期の税金は安くなったとしても、翌期の利益に加算されるために、それほど厳しい処分はされていませんでした。

しかし昨今の税収不足のあおりを受けてか、期末の処理誤りに関しても伝票の書き換えなどの仮装等があれば、重加算税を課すことも多くなってきています。

それが、**税務行政の実際**なのです。

あとがき

筆者は、ことあるごとに、

「今の日本ではなるべく税金を納めてはいけない」

「今の日本は税金を納めれば納めるほど国を衰退させる」

と述べてきました。

今の日本は、税金の取り方、使い方が常軌《じょうき》を逸《いっ》しているのです。

今年（2019年）も、少子高齢化のためにどうしても必要だということで、消費税が増税されました。日本の国民のほとんどはこの30年間、可処分所得が減り続けています。そこにもってきて、また消費税の増税です。でも、ほとんどの国民は「国の将来のために仕方がない」と思ってこの増税を受け入れたわけです。

しかし、消費税の増税が本当に必要だったのかというと絶対にそうではありません。

国の歳出は、たらいに穴が空いたような杜撰《ずさん》な状態が続いているのです。

わかりやすい例を一つ挙げたいと思います。

それは「**安倍晋三首相の地元の公共事業**」です。

あまり話題になることはありませんが、実は安倍首相が首相に再就任して以来、そのおひざ元である山口県の公共事業費は激増しているのです。

国土交通省のサイトから都道府県別の国の公共事業の支出額を見てみましょう。

安倍首相が首相に再就任したのは２０１２年の12月です。

だから安倍内閣は、２０１３年分から予算策定しているわけです。

そして、２０１３年から山口県の公共事業がうなぎ上りに増加しているのです。

安倍首相が再就任する前の２０１２年では、山口県の公共事業費は５００億円ちょっとしかありませんでした。

が、２０１３年から激増し、２０１６年は１６００億円もの公共事業を受注しているのです。なんと２０１２年の3倍以上です。

２０１７年には、かなり下がっていますが、このときは森友問題などが発覚しており、さすがにまずいと思って下げたのでしょう。

それでも、県民一人あたりの公共事業費は全国平均の2倍以上となっているのです。

山口県の公共事業受注額（国の予算）

２０１１年　６８１億円

２０１２年　５３２億円

２０１３年（安倍内閣予算策定）　８２９億円

２０１４年（安倍内閣予算策定）　９２７億円

２０１５年（安倍内閣予算策定）　１３６７億円

２０１６年（安倍内閣予算策定）　１６２０億円

２０１７年（安倍内閣予算策定）　９８７億円

山口県民一人あたりの公共事業費

２０１２年（安倍首相再就任前）

山口県・約３万９０００円　全国平均・約２万９０００円

２０１３年（安倍首相再就任以降）

山口県・約6万1000円　　全国平均・約4万円
2016年（安倍首相再就任以降）
山口県・約11万8000円　　全国平均・約3万5000円

山口県の隣県である広島県と比較すれば、山口県の異常な優遇がわかるはずです。

山口県と広島県は、同じ瀬戸内海に面した中国地方の県であり、地域的な条件はあまり変わりません。

広島県の人口は約282万人です。

山口県はその半分以下の約137万人です。

両県は、安倍首相の再就任前までは、県民一人あたりの公共事業費にそれほど大きな違いはありませんでした。

しかし安倍首相の再就任以降、**山口県の予算は急増し、広島県の予算は急減**するのです。

2014年以降は、人口が半分以下の山口県のほうが、広島県よりも公共事業費の総額で上回っています。

県民一人あたりにすると山口県は広島県の2倍以上となっており、2016年にはなんと7倍以上になっているのです。

国は「山口県では2016年に日露首脳会談が行われており、そのために公共事業費がかさんだ」と言い訳するでしょうが、主要国との首脳会談などは毎年のように行われているものであり、そのたびに公共事業費が跳ね上がっていては歳入がいくらあっても足りないというものです。

また日露首脳会談が行われたのは2016年であり、たかが一国との首脳会談の準備に何年もかけたわけではないので、2016年以外の公共事業費の激増は説明がつきません。

そもそも日露首脳会談を安倍首相のおひざ元でわざわざ行うこと自体、不自然なのです。

山口県は、他の主要都市に比べるとインフラ等が整っていないので、ここで主要国との首脳会談などを行うと、建設費や警備費がかさむことはわかっていたはずです。

外国人が喜ぶ京都などで行うならまだしも、それほど有名ではない山口で行う必要はなかったはずです。

とにもかくにも、国の公共事業費の山口県への支出は、明らかに不審な点があるということです。

山口県と広島県の県民一人あたりの公共事業費

2012年（安倍首相再就任前）
山口県・約3万9000円　広島県・約3万1000円
2013年（安倍首相再就任以降）
山口県・約6万1000円　広島県・約3万2000円
2016年（安倍首相再就任以降）
山口県・約11万8000円　広島県・約1万7000円

これらのデータを見れば、安倍首相が再就任して以降、山口県が異常に公共事業で優遇されていることは、どう頑張っても否定できないところです。

これらは国土交通省のサイトに行けば公表されているデータであり、だれでも見ることができます。

だれでも見ることのできるデータでさえ、これほど優遇されているのがわかるのですから、データで見えない部分は、**さらにもっとすごいことになっている**ことが予想されます。日本の政治家が自分の選挙区に公共事業を誘致し、巨額な税金の無駄遣いを招いているという問題は、もう何十年も前から言われてきたことなのです。

こういう何十年も前から問題になっていることを、いまだ解決せずに、相変わらず政治家は「**税金は自分の金**」という姿勢を取り続けているわけです。

しかも、これはほんの一例であり、日本の歳出をよくよく調べれば、こういうボロはいくらでも出てくるのです。

今の日本は、税制や財政が末期的症状だといえます。

国民全体が相当な覚悟を持って、大改革を実行しないことには、日本は大変なことになると思います。

そのための第一歩として、今、私たちは納める税金を1円でも少なくするべきなのです。

本書がその一助になれば、筆者としては本望です。

最後に、ビジネス社の唐津氏をはじめ本書の制作に尽力していただいた皆様にこの場をお借りして御礼を申し上げます。

２０１９年初冬

著者

著者略歴

大村大次郎（おおむら・おおじろう）

大阪府出身。元国税調査官。国税局で10年間、主に法人税担当調査官として勤務し、退職後、経営コンサルタント、フリーライターとなる。執筆、ラジオ出演、フジテレビ「マルサ‼」の監修など幅広く活躍中。主な著書に『韓国につける薬』『消費税を払う奴はバカ！』『消費税という巨大権益』『完全図解版　税務署員だけのヒミツの節税術』『ほんとうは恐ろしいお金のしくみ』『相続税を払う奴はバカ！』『お金で読み解く明治維新』『アメリカは世界の平和を許さない』『99％の会社も社員も得をする給料革命』『世界が喰いつくす日本経済』『ブッダはダメ人間だった』『「見えない」税金の恐怖』『完全図解版　あらゆる領収書は経費で落とせる』『税金を払う奴はバカ！』（以上、ビジネス社）、『「金持ち社長」に学ぶ禁断の蓄財術』『あらゆる領収書は経費で落とせる』『税務署員だけのヒミツの節税術』（以上、中公新書ラクレ）、『税務署が嫌がる「税金0円」の裏ワザ』（双葉新書）、『無税生活』（ベスト新書）、『決算書の9割は嘘である』（幻冬舎新書）、『税金の抜け穴』（角川oneテーマ21）など多数。

税務署対策　最強の教科書

2020年1月1日　第1刷発行

著　者　大村 大次郎
発行者　唐津 隆
発行所　株式会社ビジネス社
〒162-0805　東京都新宿区矢来町114番地 神楽坂高橋ビル5階
電話　03(5227)1602　FAX　03(5227)1603
http://www.business-sha.co.jp

印刷・製本　大日本印刷株式会社
〈カバーデザイン〉中村聡
〈本文組版〉茂呂田剛（エムアンドケイ）
〈編集担当〉本田朋子
〈営業担当〉山口健志

ISBN978-4-8284-2153-7

大村大次郎の本

完全図解版 税務署員だけのヒミツの節税術 あらゆる領収書は経費で落とせる【確定申告編】

定価　本体1200円＋税
ISBN978-4-8284-2067-7

**税務署が教えない
裏ワザ満載！**

確定拠出年金や医療費控除など会社員も
自営業も確定申告を知らなすぎる！
この裏ワザで誰もが税金を取り戻せます。

韓国につける薬 お金で読みとく日韓関係

定価　本体1100円＋税
ISBN978-4-8284-2141-4

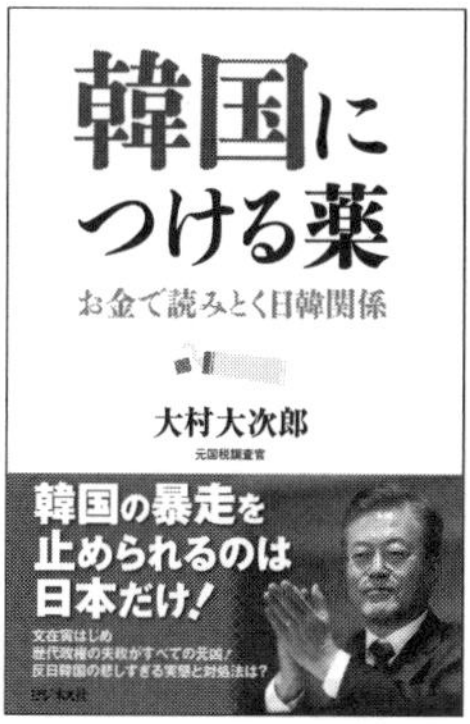

**韓国の暴走を
止められるのは
日本だけ！**

文在寅はじめ歴代政権の失政がすべての元凶！
反日韓国の悲しすぎる実態と対処法は？

完全図解版 経費で落とせる あらゆる領収書は

定価　本体1200円＋税
ISBN978-4-8284-1801-8

**経費と領収書の
カラクリ最新版！**

中小企業経営者、個人事業主は押さえて
おきたい経理部も知らない経費と領収書
の秘密をわかりやすく解説。

ほんとうは恐ろしいお金（マネー）のしくみ 日本人はなぜ金持ちになれないのか

定価　本体1300円＋税
ISBN978-4-8284-2063-9

**自転車操業と化した
資本主義の不都合な真実**

「通貨のしくみ」は17世紀ヨーロッパの悪徳商人によって作られた！　貧困、格差、紛争、環境破壊……
人類に災いをもたらす資本主義の欠陥とは？

大村大次郎の
大ヒット「バカ!」シリーズ

税金を払う奴はバカ!
搾取され続けている日本人に告ぐ

脱税ギリギリ!?

元国税調査官が教えるサラリーマン、中小企業主、相続人のマル秘節税対策!

本体1000円+税
ISBN978-4-8284-1758-5

相続税を払う奴はバカ!
本当の金持ちは税金など払わない

小金持ちの相続税対策マニュアル

逃がせ! 隠せ!
払わなくていい!?
相続税は抜け穴ばかり!

本体1400円+税
ISBN978-4-8284-2053-0

消費税を払う奴はバカ!
サラリーマンと事業者のための逃税スキーム

【消費税】は欠陥だらけ!

サラリーマンでも消費税還付を受ける方法、消費税を払わずに買い物する方法などなど徹底的に抜け穴を衝く!

本体1300円+税
ISBN978-4-8284-2121-6